동행

이민호 수필집

교음사

| 책 머리에 |

친구는 나만 보면 산에 가자고 했다.

산이라면 동네 앞산에 오르는 것이 전부였던 나는 "산엔 왜 가느냐." "산에 가면 무엇을 보고 오느냐." 하며 친구의 말을 거절했다. 네 살 때 소아마비에 걸려 걷지 못했던 나는 서울에서 내려와 막 개원한 명의(名醫)를 만나 불구를 면할 수 있게 되었다. 그러나 다리에 근육이 없고 약해 오래 걸으면 힘이 풀려 버리는 까닭에 먼 거리는 물론 높은 산엔 오를 엄두를 못 냈었다. 그러던 어느 날 술자리에서 한번만이라도 좋으니 산에 가자는 친구의 말에 덜컥 약속을 하고 말았다.

동네 앞산에 오르는 정도라고 생각하고 따라나선 산은 나의 상상을 뛰어넘었다. 처음으로 900고지의 산을 다녀와서 나는 열흘 동안 심한 다리 몸살을 앓아야만 했다. 산에 갔다 온 지 일주일 후에 만난 친구는 또 산에 가자고 했다. 거의 기다시피 산에 올랐던 악몽을 떠올리면서 나는 두 번 다시 가지 않겠다고 했지만 꼭 한번만 더 가자는 집요한 친구의 설득에 결국엔 친구를 따라나서게 되었다. 그렇게 한 달에 한 번, 두 번, 산에 오르면서 나는 점점 산의 매력에 빠져들었다.

친구는 산을 잘 못 오르는 나를 앞에서 끌기도 하고 뒤에서 밀어주기도 하면서 늘 나와 함께 동행을 했다. 그런 친구 덕분에 나는 몇 년 만에 전국의 이름난 산은 다 오르게 되었다.

언젠가부터 나에겐 등산이라는 것의 의미가 무작정 산에 오르는 것으로 만족하였다. 바람이 불고 비가 오고 눈이 내려도 늘 서재에 앉아 원고와

씨름하면서 평범한 일상 속에서 지치면 옥상에 올라가 강 위로 내려오는 붉은 노을을 바라보다 문득문득 서해안의 변산반도와 푸른 초록 우거진 월출산과 벽련사의 동백꽃, 하얀 눈 덮인 지리산 천황봉을 떠올렸다.

그렇게 나도 모르게 그리움이 깊게 물들면 꽃 피는 봄 산, 초록이 물결치는 여름 산, 가을이 붉게 타는 산과 순백의 산들을 올랐다. 그러던 어느 날 산 정상에 올라 문득 등산의 의미는 무엇일까.를 되새기게 되었고 그날 이후부터 보조가방에 수첩과 필기구, 카메라를 넣고 다니며 매 순간들을 기록을 했다.

몇 년 동안 기록해 두었던 글들을 묶어 책을 내려고 하면서 많이 망설였다. 친구와 혹은 지인과 오붓하게 가는 산행은 시간을 구애받지 않고 주위의 풍광을 즐기면서 산을 오르내리지만, 단체로 가는 정기산행은 하산시간에 쫓겨 풍경을 다 살펴보지 못하는 단점이 있다. 겉핥기식으로 쓴 글이 많이 미흡하고 부족한 점들이 많지만 독자들이 이해해주리라 믿는다.

이 책을 발간하기까지 친구의 도움이 무척 크다. 하루 종일 방안에만 틀어박혀 있는 나를 밖으로 끌어내지 않았다면 이 책은 세상에 나오지 못하였을 것이다. 친구에게 너무나 감사한 마음이다. 그리고 산에 가는 날이면 어김없이 새벽에 일어나 도시락을 싸 주던 내 아내 연이 씨에게 감사드린다.

2019년 9월 저자 이민호

이민호 수필집 동행(同行)

‣ 차 례

‣ 머리말

동행同行

인생을 살아가다보면 수많은 사람들과 인연을 맺게 된다. 그 많고 많은 인연들 중에서 좋은 인연을 만나 서로 이해하고 배려하며 정을 나누며 살아간다면 이보다 더 좋은 삶은 없을 것이다. 굴곡진 세상을 동행하면서 서로의 즐거움과 위안이 되는 인연이야말로 최고의 기쁨이 아닐까. 생각해 본다.

몇 개월 만에 친구 G를 만났다. 마주보며 앉아 이야기를 나눈 지가 참 오래된 것 같다. G는 늘 주위에 있는 이웃 같은 편안한 모습이다.

G를 알게 된 건 이곳 지역에 등산 붐이 한창 일어날 때 친구 Y의 손에 이끌려 경북의 어느 산에 갔을 때 산악회의 사무국장을 맡고 있던 G를 소개해 주어 친분을 쌓게 되었다.

전기 설비기술자인 G는 이십여 년 전 서울에서 이곳으로 아파트 전기공사 책임자로 내려왔다가 산 좋고 물 좋고 살기 좋은 이곳에 눌러 살게 되었다. 그렇게 이곳에서 한때 현장책임자로 사업동업자로 일을 하다가 몇 해 전 시내 중심지 길목에서 전기조명기구 판매사업장을 열어 판매하는 제품이 좋다는 소문이 퍼져 사업이 날로 번창하고 있다.

평소 성실하고 사람 좋기로 소문난 G는 언제 만나도 부담이 없고 편안하다. 진실하고 배려 깊은 성격의 그는 제2의 고향인 이곳에서 많은 사람들과 교분을 맺고 있다.

같은 지역에 살고 있으면서도 평소 문학모임이 잦은 나와 일에 바쁜 G는 자주 만나기가 어렵다. 매장 관리하랴. 공사현장에 다니랴. 늘 분주하기 때문이다. 전날 약속을 했다가도 업무 종료시간이 정해지지 않은 현장일 때문에 번번이 약속을 뒤로 미루기가 일쑤다.

예나 지금이나 변함없는 선한 눈과 얼굴에 늘 미소를 머금고 있는 G, 만나면 많은 이야기를 나누고 헤어지지만 늘 아쉽다. G와 친분을 쌓은지 그리 오래되지는 않았지만 언제 만나도 기분 좋은 사람, 생각만 해도 흐뭇해지는 G는 주위의 지인들이 모두 좋아하고 잘되기를 바라는 그런 친구이다.

참으로 오랜만에 친구 K를 만났다. 지난 가을에 얼굴을 보고 수개월이 흘렀다. 식당에 마주앉아 그동안의 서로 안부를 물으며 술잔을 기울인다. 이 년 전 여름에 차 사고가 크게 나 몸을 많이 다쳤던 친구는 이제 완전히 회복이 된 것 같다.

순수한 성격의 K, 참 정이 많이 가는 친구다. 내 인생길에 위안과 즐거움이 되는 동반자로서 손색이 없는 사람, 늘 머릿속에서 떠나지 않는 K는 그런 존재이다.

친구를 만나면 늘 마음이 편안해지고 따뜻해져온다. 함께 이야기를 나누면 각박한 세상의 때가 묻지 않은 순수함에 금방 빠져든다. K는 새벽동이 트기 전 청소차를 몰며 거리의 쓰레기 치우는 일을 한다. 미화원 일을 평생 직업으로 삼으며 긍지와 자부심을 잃지 않고 살아 왔다. 이제 정년을 얼마 남겨 놓지 않은 K는 퇴직 후 '뭐 할 거냐.'는 물음에 전국 명산을 오르며 남은여생 건강하게 살고 싶다고 했다.

이미 손자를 셋이나 둔 K는 시간이 날 때마다 가까운 산을 오르며 몸관리에 열심이다. 죽는 날까지 우정 변치 말고 건강하게 살자고 말하는 친구, 내 인생길의 소중한 동반자이다.

친구 Y를 만나러 갔다. 집골목 입구에서 만난 Y는 강변로를 따라 운동을 하고 온다고 했다. 발걸음이 많이 부자유스러운 Y는 파킨슨병을 앓고 있다. 이년 전에 발병한 병은 점점 깊어가 또렷했던 말투와 산 정상을 달리듯이 뛰어올랐던 몸을 바닥으로 주저앉혔다. 참으로 건강했던 친구인데 유전적인 발병이라고 하지만 이제 겨우 이순의 나이를 넘겼는데 무심한 하늘에 눈물이 핑 돈다.

친구는 평소 활달한 성격에 누구보다 성실했다. 하루 종일 좁은 차 안에서 운전대를 잡으면서도 아내를 생각하며 늘 즐겁게 일했다. 늦은 나이에 결혼해 비록 자식 하나 두지 못했지만 아내에게 무척 다정다감한 남편이었다.

친구는 자신의 병이 점점 깊어지자 십수 년을 정을 나누며 살던 아내를 쫓아내듯 집에서 내보냈다. 아픈 자신 때문에 아내를 고생시킨다는 이유 하나로 이혼도장을 찍게 했다.

친구는 이제 몸을 요양보호사에게 의지한 채 하루하루를 살아가고 있다. 내가 자주 전화를 하고 만나고 있지만 내가 불편할까 봐, 힘들까 봐 연락도 부탁도 잘하지 않는다.

자신의 약한 모습을 보이지 않으려고 부들거리는 몸으로 꿋꿋하게 일어서는 Y, 어느 의지할 곳 하나 없는 친구에게 어떻게 해 줄 수도 할 수도 없는 상황에서 더 이상 병이 진행되지 않도록 기도할 뿐이다. 그리고 건강하게 오래오래 살자는 약속을 친구가 꼭 지켰으면 하는 간절한 바람을 가져본다.

우리는 한 생애를 살아가면서 수많은 인연들을 만난다. 그 무수한 인연들과의 만남 속에서 필연을 만나 서로 이해하고 배려하며 사랑하면서 긴 인생길에 위안이 되어 살아가는 것을 큰 즐거움으로 삼는다.

이제 이순을 갓 넘긴 내 나이, 주위를 둘러보면 인연으로 만나 정을 나누고 있는 많은 사람들, 마음을 나누고 서로의 기쁨이 되어 온 소중한 인연들이 늘 곁에 있어 행복하다. 내 인생길에 기쁨과 위안이 되는 인연들, 그 인연들과 언제나 함께하며 동행하기를 소망해 본다.

발

태초의 사람은 맨발이었다. 땅 위를 걷거나 모래사장을 걸어본 사람은 맨발의 자유를 안다. 아무것도 걸치지 않은 발, 참 편하다. 종일 신발 속에 갇혀 있던 발이 숨을 내쉬는 순간 덩달아 가슴도 후련해져온다.

아침부터 저녁까지 일 하느라 자신의 몸은 늘 뒷전이었던 아내의 발이 떠오른다. 잠깐의 쉴 틈도 없이 종일 서서 일하는 아내의 발은 저녁이면 벌겋게 부어올라 화끈거리는 발바닥의 통증 때문에 잠자리에 들어서도 연신 신음소리를 낸다.

처녀 때보다 많이 불어난 체중에 아치가 내려앉고 발 크기도 늘어나 좁은 신은 신지도 못한다. 다행히 평발은 아니어서 오래 걷고 뛰어도 별 문제가 없었는데 이제 조금만 걸어도 숨이 차다고 한다. 발목과 발바닥이 아프면서 목, 어깨, 머리까지 견딜 수 없는 통증이 몰려오면 소주를 따뜻하게 데워 족욕을 해서 통증을 푼다.

아기가 태어나서 걸음을 걷기까지는 대략 일 년이 걸린다. 발은 몸의 기초이다. 이 기간 동안 평생 직립하여 살아갈 기초를 갖추는데 206개의 뼈와 650개의 근육은 이때 완성된다고 한다. 인간이 태어나 죽기까지 평균 25만km 이상을 걷는데 이는 지구를 네 바퀴 반이나 도는 거리이다.

위대한 천재라고 불리는 레오나르도 다빈치가 최대의 걸작이며 최고의 예술품 이라고 극찬했던 발, 발바닥의 근육은 스프링 역할로 몸의 충격을 흡수한다. 발은 힘줄과 신경이 움직이면서 앞으로 나아갈 수 있다. 가장 굵고 강한 근육은 발에 있다. 높은 곳에서 뛰어내려도 그 충격을 감당하는 발은 신의 위대한 걸작이다. 발의 구조는 단순해 보이나 그 단순함 속에 강한 힘이 들어 있다.

인간은 동물들과는 달리 두 발로 서서 걷는 덕분에 이 세상을 다스릴 수 있었다. 두뇌가 심장보다 높이 있어서 머리에 피가 고이지 않아 두뇌가 발달했다. 제2의 심장이라고 하는 발, 심장에서 보낸 혈액을 다시 심장으로 돌려보낸다. 발은 단순히 육체를 지탱하는 역할과 보행의 기능만 가지고 있는 것은 아니다. 인체의 오장육부(五臟六腑)와 밀접한 관계가 있다.

발바닥에는 많은 경혈이 모여 있어 발바닥을 흔히 '몸의 축소판' 이라고 부른다. 그런데 대부분의 사람들은 얼굴은 가꾸면서 발은 소홀히 한다. 발에서부터 노화가 시작된다는 말이 있다. 몸에서 가장 나이를 드러낸 것은 눈가의 주름이 아닌 발이었다. 조금만 홀대해도 발뒤꿈치가 갈라진다.

내 친구 중에 발이 유난히 큰 친구가 있다. 내 발보다 15센티나 더 큰 친구 발을 보고 항공모함이라고 우리들은 놀렸다. 손과 발이 유난히 큰 친구는 농구를 아주 잘한다. 큰 발 때문에 평형대 위에서 균형을 잘 잡는 친구를 간혹 볼 때마다 그가 부럽기도 한다.

현대무용을 전공한 발레리나의 발은 처녀의 발이라기보다 거친 농부의 발 같다. 늘 발뒤꿈치를 들고 무용을 하는 탓에 발톱은 수도 없이 빠지고 새로 돋아나면서 두껍고 딱딱해져 발톱을 깎는데 힘이 든다. 또 발가락마다 굳은살이 배이고 뭉툭해서 처녀의 발이라고는 믿기가 어렵다.

어머니의 발 모양을 쏙 뺀 둘째누이는 엄지발가락 옆에 툭 불거져 나온 못 생긴 발 모양 때문에 사춘기 때부터 늘 불만이었다.

내 발 모양은 아버지의 발을 쏙 빼 닮아서 폭이 좁고 긴 형태의 칼발이다. 미끈하게 잘빠진 발 덕분에 모양이 좋은, 볼 좁은 신발을 신을 수 있다.

아내가 사 온 숙면양말을 신고 잠을 잤다. 숙면양말을 신고 잔 그 다음 날 아침이 상쾌했다. 다른 날보다 가뿐해진 몸이 신기했다. 우리 속담에 '머리는 차게 하고 발은 따뜻하게 하라.'는 말은 틀린 말이 아니었다. 늘 이불을 걷어차고 자는 나에게 발을 따뜻하게 해야 한다는 것을 일깨운 셈이다.

하루 종일 발을 혹사시켜 통증을 호소하는 아내의 발을 보면서 오늘은 족욕기 한 대 선물해야겠다고 마음을 먹어본다.

어머니의 바다

내 가슴엔 깊은 그리움이 하나 있다. 꿈에도 잊지 못할 내 어머니, 어머니를 떠올리면 선명하게 떠오르는 푸른 바다, 내가 태어나고 자랐던 고향바다, 그 바다를 평생 안고 살았던 어머니가 생각난다.

어머니는 하동 어촌 마을 9남매의 둘째 딸로 태어나셨다. 어머니는 집 앞 갯벌을 집 마당처럼 여기며 썰물이 지면 굴, 조개, 파래, 김들을 따며 소녀시절을 보내고 사천의 바닷가 마을로 시집와서 사시다 한국전쟁이 끝난 후 시동생 내외와 함께 통영으로 이주해 와서 평생 바다를 바라보며 사셨다.

바다가 고향이요, 바다가 삶의 전부였던 어머니는 온종일 바닷물에 온몸이 축축해지도록 젖어도 슬픈 표정 한번 보이지 않으시고 언제나 밝은 모습에 겨울엔 손이 얼어 터지고 여름엔 손가락이 퉁퉁 불어 헤져도 아픈 기색 하나 보이지 않으셨다. 자식들 커 가는 것, 공부시켜 잘되기를 바라시며 늘 행복해 하셨다.

어머니는 심성이 무척 고우셨다. 평생을 시장에서 장사를 하셨지만 우리 육남매에게는 물론 이웃사람들과는 다툼 한 번 큰소리 한 번 내시지 않으셨다. 그리 크지 않은 몸매에 힘이 좋으셔서 쌀가마를 번쩍 드시기도 했지만 마음이 여리고 피부가 백옥처럼 고왔다. 그 뿐만 아니라 음식 솜씨도 남달랐던 어머니는 손도 커서 한번에 식구가 먹고 남을 많은 음식을 하셔서 이웃들에게 나누어 주셨다.

어머니는 통영으로 이사 오자마자 시장으로 장사를 가셨다. 함께 동업하던 지인이 사업 자금을 빼돌려 도주하는 바람에 재산을 거의 탕진하고 그림과 낚시에만 빠져 지내는 아버지 대신 자식들을 부양해야만 했다.

어머니는 새벽 통금 사이렌 소리에 잠에서 깨어 리어카에 물건들을 싣고 2km가 넘는 거리의 새벽시장으로 가셨다. 새벽시장이 열리는 그곳은 동이 트기 전 인근 섬에서 각종 해산물과 물고기를 싣고 오는 배들로 붐볐다. 어머니는 시장에 도착하자마자 선착장으로 달려가 그날 팔 싱싱한 갯것들을 하나둘씩 사서 좌판에 펼쳐 놓고 새벽시장이 파하는 오전 열시까지 장사를 하셨다. 그곳에서 새벽장사를 마치고 팔다 남은 해산물들을 리어카에 싣고 강구 안 중앙시장으로 와서 날이 깜깜해질 때까지 시장에 계셨다.

그렇게 새벽부터 밤중까지 장사를 마치고 집으로 돌아오는 어머니의 지친 모습이 어린 내 눈엔 너무나 슬퍼보였다. 그런 어머니였지만 늘 다정한 얼굴로 "밥 많이 묵었나." "뭐 묵고 싶노." 하시며 내 등을 토닥거리실 때 나는, 진정으로 어머니를 대하지 못했다.

비가 오나, 바람이 부나, 새벽부터 밤까지 차디찬 바닷물에 손을 담그고 온몸이 갯바람에 얼어붙도록 시장바닥에서 장사를 하시면서도 하루에 두 끼밖에 드시지 않았던 어머니, 어머니를 생각하면 지금도 가슴 한편이 아려온다.

중학 때 여름 어느 날 할머니가 광주리에 늦은 아침밥을 담아 어머니에게 갖다 주고 오라는, 말에 남 보기 창피하다는 핑계로 가지 않았던 일, 늦은 밤 장사를 마치고 지친 몸을 이끌며 동네 어귀에 다다라 나를 부르는 소리에 외면했던 일, 차멀미 심한 어머니가 모처럼 외할아버지 제삿날에 외가에 가자고 하는 말에 공부 핑계 대고 가지 않았던 일, 우리 가족을 위해 고생하는 어머니의 마음을 조금도 이해하지 못하고 감사하다는 말 한마디 하지 못한 일들이 깊은 후회로 남아 있다.

어머니가 그리워 고향에 갔다. 내가 태어나고 자란 통영 동호 강구, 그 바닷가에 서 있으니 늘 어머니 몸에서 풍기던 갯내음이 물씬거렸다.

어머니가 평생을 의지하며 살았던 바다, 어머니의 환한 미소 뒤에 서린 눈물과 한(恨)이 소금처럼 하얗게 묻어 있는 바다, 그 바다는 지금도 변함이 없지만 온화한 미소 따뜻한 손길로 나를 어루만져 주시던 어머니는 저 하늘로 가고 없다. 어머니가 매일 새벽에 걸었던 해안 길을 따라 걸으며 어머니를 그려본다.

죽 이야기

밤새 배앓이를 했던 아이는 엄마가 새벽같이 일어나 쑤어온 미음을 앞에 두고 금방이라도 눈물을 쏟을 것 같이 고개를 수그린 채 울상을 짓고 있다. 이것을 보다 못한 아내는 아욱국을 끓이고 밥을 차려주자 금방 표정이 바뀌었다. 죽을 죽기보다 먹기 싫어하는 아이를 보면서 집안사람 중 누구를 닮았을까. 곰곰이 생각을 해 본다.

아버지는 평생을 위장병에 시달리며 사셨다. 아버지는 평생을 자장면이나 수제비 같은 밀가루 음식을 먹지 못하셨다. 어머니는 우리를 위해 여름철 별미로 콩국수나 찹쌀을 넣고 끓인 해물수제비를 종종 해 주셨다. 그때마다 가루 음식을 먹지 못하시는 아버지는 국과 밥을 따로 차린 밥상을 받으셨다.

총각시절 때 아버지는 동네 길에서 뒤에서 갑자기 달려든 광견병에 걸린 개에게 종아리를 물려 죽을 뻔했던 일이 있었다. 그날 동네사람 일곱 명이 그 개에게 물리고 살아남은 사람은 오직 아버지 한 사람뿐이었다.

개에게 물린 다리가 하룻밤이 지나자 시커멓게 부어오르고 온몸으로 전해오는 극심한 고통에 좋다는 온갖 약들을 다 써 봤지만 소용이 없었다. 같은 날 개에게 물렸던 사람들이 하나둘씩 죽었다는 소식에 죽을 날만 기다리던 아버지는 나흘째 되던 날 시장에서 약초를 파는 상인에게서 호랑이 뼈가 특효약이라는 말을 전해들은 할아버지는 전국에 이름난 포수들에게 사람을 보내 일주일 만에 호랑이 정강이뼈를 구하게 된다.

호랑이 뼈를 불에 태워 가루를 내어 상처 부위에 붙이고 복용을 하자 이틀째 되는 날 다리가 온통 근질거리고 잔뜩 부어 곪았던 상처부위가 터져 뼈가 드러나면서 극심했던 통증도 사라지고 열흘 동안 한순간도 잠을 자지 못했던 아버지는 이틀 밤낮을 잠을 자고 깨어나면서 구사일생으로 목숨을 구하게 되었다. 그 이후부터 아버지는 온갖 약초의 과다복용으로 위장병을 얻으셨고 떡과 같은 조금이라도 위에 부담이 되는 음식을 먹은 날은 밤새 고통에 시달려야만 했다. 그렇게 고생을 하고 난 다음날에는 쌀을 불려 맷돌에 갈아 끓인 미음을 드시고 아픈 속을 달래셨다.

아버지는 위장병을 얻고 난 후부터는 병을 고치기 위한 방편으로 해가 뜨면 바닷가와 산을 다니면서 젊은 시절을 다 보내셨다. 낚싯대를 들고 고기를 잡다가 썰물이 되면 석화를 따서 먹고 미역과 다시마 등 해초를 따서 망태에 담아 집으로 가지고 와서 생으로 음식으로 드셨다. 결혼을 하시고 우리 육남매를 낳으셨지만 아버지는 가장 역할을 어머니에게 미루시고 그림과 낚시에 빠져 사셨다. 훗날 우리 형제 육남매를 시집 장가를 다 보내고 난 어느 날, 어머니께서는 당신이 우릴 키우시느라 고생했던 날들은 다 잊으시고 아버지께서 앓으신 위장병이 거의 나아 이제 약을 드시지 않고 좋아지신 것을 기뻐하셨다.

어릴 적 어머니의 심부름으로 양은 냄비를 들고 집에서 걸어서 십 분 거리에 있는 죽집으로 깨죽을 자주 사러갔다. 집으로 돌아오는 동안 내내 뜨거운 죽 냄비를 가슴에 꼭 안은 채 고소한 냄새를 코로 킁킁거리며 왔다. 한번은 아버지의 손을 잡고 그 죽집에 가서 아버지가 사 주신 깨죽을 먹은 적이 있었다. 고소하고 달콤한 깨죽은 정말 맛있었다. 시장 길 옆에 있던 그 죽집 근처에 다다르면 고소한 깨죽 냄새가 온 사방에 진동했다. 수십 년의 세월 속에 그 죽집은 이제 간곳이 없지만 내 뇌리 속에는 아직도 그 깨죽집 냄새가 배여 있다.

아이가 왜 죽을 싫어하는지 아무리 살펴보아도 이해가 가질 않았다. 죽을 먹지 않는 아이에게 호통도 쳐보고 혼을 내기도 했지만 나도 집사람도 죽을 싫어하지 않는데 왜? 아이는 죽을 먹으라고 하면 울상을 지을까. 그러다가 돌아가신 아버지 때문일까를 생각해 보았다. 아마 거기에 답이 있는 듯 했다.

아버지는 평생 빵과 떡, 자장면, 라면 등을 드시지 못했다. 그것들은 아버지에게는 그림의 떡이었다. 없어서 먹지 못하는 것과 눈앞에 먹는 것을 두고 먹지 못하는 것엔 차이가 크다. 먹고 싶어도 먹지 못하는 정신적 고통은 아버지를 늘 괴롭혔을 것이기 때문이다. 아이는 할아버지의 유전자를 물려받아 할아버지가 정말 죽을 만큼 먹기 싫었던 죽을 싫어하는 것이 아닐까. 생각하니 아이의 마음이 조금은 이해가 되었다.

나는 죽을 좋아하는 편이다. 어릴 적 어머니께서 쑤어 주신 호박죽, 팥죽, 고구마죽, 그 맛을 잊지 못해 아내에게 한여름에도 종종 부탁을 한다. 유난히 팥죽을 좋아해서 동짓날 쑤어 먹는 새알심 넣은 팥죽을 끓여 달라고 하고 은근하게 오래 끓여야 하는 고구마죽을 끓여 달라고도 한다. 내가 죽을 맛있게 먹는 모습을 보고 아이는, “죽이 정말 맛있어요?” 물음을 던지며 신기한 듯 바라보지만 나는 죽이 맛있기만 하다.

얼마 전 문인 모임이 있어서 아침 일찍 차를 타고 서울에 갔다. 강남 고속터미널에 도착하니 점심때가 되어 있었다. 버스에서 내려 지하철역으로 가는 길에 죽집 간판이 눈에 띄었다. 간밤에 마신 술로 속이 불편해서 무엇으로 속을 달랠까 생각하던 중 옛날 깨죽 생각이 떠올라 죽 집 문을 열고 들어가니 의외로 많은 사람들이 식사를 하고 있었다.

빈자리가 없어 5분을 서서 기다려 자리를 잡고 앉아 벽에 걸린 메뉴판을 올려다보고 깜짝 놀랐다. 다양한 죽 메뉴와 자장면보다 두 배나 더 값이 비싼 죽 값을 보고 한참을 망설이다 야채죽 한 그릇을 먹고 나왔다. 죽 한 그릇이 한정식 밥 한끼와 맞먹는 것에 놀랐던 일을 다음 날 집사람에게 이야기 했더니 죽 좋아하는 나와 내일부터 당장 죽 장사를 하자고 우스갯말을 했다.

아내는 요리사

새벽 동이 트기 전 아내는 주방에서 아침 준비에 한창이다. 아내 직업은 요리사이다. 한식과 일식이 주특기인 아내는 요리가 적성에 맞는다고 한다. 아내는 요리를 할 때는 늘 콧노래를 부른다. 몸과 손이 민첩해서 마치 요술을 부리듯 금방 뚝딱 음식을 만들어 낸다. 늘 즐겁게 일하는 아내를 보면 자기 직업에 저렇게 만족을 하는 사람이 얼마나 있을까. 생각해 보곤 한다.

어릴 적 패션디자이너가 꿈이었던 아내는 섬에서 나고 자라면서 어업을 생업으로 하는 부모 대신 집안 살림과 아래로 줄줄이 태어난 동생들 뒷바라지에 뭍으로의 유학은 엄두도 내지 못하고 그 꿈을 이루지 못하였다.

시외 출장이 잦은 나에게는 하루 세끼 먹는 것이 늘 힘든 일이다. 남해 바닷가에서 태어난 나는 어릴 적 먹던 식습관대로 채소와 해초류, 해산물들을 주로 먹는데 식당에서 사 먹는 음식은 입에 맞지 않아 지인들과 같이 동행해서 식당에 가지 않는 한 혼자 밥을 먹지 않아 식사를 거르기가 다반사이다.

아내는 내 어머니의 음식 솜씨를 그대로 물려받은 것처럼 음식이 깔끔하고 정갈하다. 맛과 건강까지 생각한 매일 다채로운 식단에 밖에 나가 있으면 빨리 집으로 돌아오고 싶은 마음이 든다. 대학에서 공부하는 아들도 나도 집으로 들어서기가 무섭게 밥 달라는 말이 먼저 나온다.

가족들 입에 들어가는 음식만 바라보아도 행복하다는 아내는 음식을 만들 때, "이 밥 먹고 더 건강해져라", "이 반찬 먹고 더 힘이 나서 공부 잘 돼라." 기도를 한다. 이렇게 정성이 듬뿍 들어간 음식이 어떻게 맛이 없을 수 있고 건강하지 않을 수가 있을까. 내가 고혈압, 당뇨 등 성인병이 없는 것 또한 아내의 가득한 정성 때문이다.

우리 식구는 거의 외식을 하지 않는다. 어쩌다 밖에 나가 음식을 사 먹으려 해도 육식을 잘하지 않는 나와 아이는 밖에서 먹는 음식이 얼른 생각나지 않아 "엄마가 해 주는 것이 제일 맛있어요." 하며 아내가 어떤 음식을 해 주던 맛있게 먹는다.

다른 집에선 통닭, 피자, 족발 등 음식들을 시켜 먹는다고 하지만 우리 집은 만능 요리사인 아내가 있어 "엄마 통닭 먹고 싶어요." 하면, 맛있는 닭튀김을 대령하고 "돈가스요." 하면 특제 양념의 돈가스가, "피자요." 하면 여러 가지 해물이 올라간 해물피자가, "엄마 튀김 먹고 싶어요." 하면, 각종 야채튀김과 새우튀김을 만들어주니 세상 어느 음식보다 맛있다고 여긴다.

전에 두 번이나 일식집을 운영했던 아내는 저녁 늦게까지 일을 하고 지친 몸을 이끌고 집에 돌아와서도 잠자리에 들 때까지 자신만의 독특한 음식 개발연구를 한다. 지난 수년간 새로 개발한 국과 반찬으로 규모가 큰 한식집 개업을 꿈꾸고 있다.

아내는 아들과 나를 '신 메뉴 음식 평가단' 이라는 근사한 직책을 붙여놓고는 자신이 개발한 반찬을 내어놓으며 평가를 귀담아 듣고 어떤 때는 난생 처음 느끼는 냄새와 맛에 시식을 거부하면 "내일 아침밥은 없다."는 말로 협박(?)도 하지만 우리는 기꺼이 실험 대상이 되어 준다.

아내는 쉬는 날이면 새벽시장으로 가서 신선한 먹을거리들을 사 가지고 와서 일주일 식단을 짜고 맛있는 밥상을 차린다. 가족에게 온 정성을 다하는 아내가 내 눈에는 천사로 보인다. 이처럼 요리도 잘하고 마음씨 고운 아내를 만나 건강하게 살고 있는 나는 세상 부러울 것 없는 참으로 행복한 사람이다.

방황과 시작

아들이 집을 나간 지 10개월 만에 돌아왔다. 아이는 가방에 넣어온 책 몇 권과 세탁할 옷들을 내어놓고는 사흘내리 죽은 듯 자기 방에서 잠을 잤다. 나흘째가 되던 날 아침을 먹고 책상에 앉아 미동도 없이 시간을 보내다가 생활정보지를 가져다가 여러 곳에 전화를 걸더니 오전 일자리를 구해 다음날부터 아르바이트를 나갔다.

작년 여름 1학년 한 학기를 마치고 집에 올라온 아이는 불쑥 휴학을 하겠다고 했다. 집사람과 나는 아이의 갑작스런 말에 영문을 몰라 이것저것 묻기도 하고 다그치기도 했지만 아이는 대답을 회피한 채 명확한 이유를 말하지 않았다. 그리고 이틀 후 아이는 가방에 옷 몇 가지를 챙겨 메모 한 장 남겨 놓고 행선지도 밝히지 않은 채 난생 처음 가출을 했다.

아이의 가출에 눈앞이 캄캄했다. 아이가 집을 나간 후 백방을 수소문한 끝에 아이의 여자친구가 살고 있는 서울 모처에 가 있다는 것을 알아내고 여자친구를 설득해 아이를 집으로 오게 했다.

일주일 만에 집으로 돌아온 아이는 서울로 가서 입시학원에 다니면서 공무원 시험공부를 하겠다고 했다. 이제 겨우 대학 1학기를 마친 아이를 보고 집사람과 나는 졸업 후에 공무원 시험공부를 해도 늦지 않으니 아이를 달래고 설득도 하고 심지어 부모와 자식의 연을 끊겠다는 협박 섞인 말로 다그쳤지만 아이는 고집을 꺾지 않았다.

나를 닮아 한번 고집이 나면 굽힐 줄 모르는 아이를 보면서 화도 나고 아이를 잘못 가르친 내 자신이 원망스럽기도 했다. 결국 아이의 고집을 꺾지 못하고 1년 안에 공무원 시험에 통과하지 못하면 집으로 돌아온다는 약속을 받아내고 승낙을 했다. 아이를 서울로 먼저 떠나보내고 이틀 후 서울로 올라가 시내 외곽에 원룸 계약을 하고 이것저것 생필품을 사서 들여놓고 집으로 내려왔지만 객지에 홀로 두고 온 아이 생각에 몇날 며칠 잠을 설쳤다.

한 달에 한 번 집에 다녀가겠다던 아이는 아침부터 오후 늦게까지 학원에서 공부하고 밤에는 아르바이트 하느라 시간이 나지 않는다는 핑계를 대며 한 달이 가고 두 달이 가도 집에 다니러 오지 않았다. 오지 않는 아이 대신 집사람과 나는 서울로 갔다. 아이는 그때마다 엄마의 손을 잡고 다음 달엔 꼭 집에 가겠다며 용서를 빌었다.

그렇게 육 개월이 지나가자 아이는 연락을 하지 않고 전화도 잘 받지 않았다. 아이가 학원에는 잘 다니는지 밥은 잘 먹고 있는지 애를 태우는 집사람과 반찬을 바리바리 싸들고 가서 보니 아무 일 없다는 듯 태연한 아이는 공부에 바쁘다는 핑계만 대기에 급급했다. 그런 아이를 집으로 데려오고 싶었지만 그러지를 못했다.

어느새 해가 바뀌고 설 명절이 눈앞에 다가왔지만 몇날 며칠 연락이 없던 아이와 겨우 연결이 되어 언제 집으로 올 거냐.고 물었지만 묵묵부답하더니 아이는 설 다음날 오겠다고 하고는 보름이 다 가도록 내려오지 않았다. 그때서야 아이에게 무슨 일이 생겼다는 것을 직감하고 아이를 다그친 끝에 학원에도 몇 개월 다니다가 관두고 여자친구와도 헤어진 것을 알게 되었다.

장래 중등교사가 꿈이었던 아이는 나름 열심히 공부를 해서 부모의 걱정을 끼치지 않았었다. 수능시험도 비교적 잘 본 아이는 수시전형에 상위대학에 지원하였지만 예상치 못한 결과에 원하지 않는 지방대학에 들어가게 되었다.

재수를 하라는 부모를 위로하며 낙심하지 않고 열심히 공부해서 자신의 뜻을 꼭 이루겠다며 대학에 들어갔던 아이가 어느 날 갑자기 학업을 중단하고 다른 길로 가겠다는 청천벽력 같은 말에 부모와 떨어져 있었던 시간 동안 학교에서 무슨 일이 일어났는지 통 알 길이 없었다.

그렇게 부모 곁을 떠나 대학 기숙사에서 지내던 아이는 차츰 온라인 채팅에 빠지면서 여자친구를 사귀게 되어 주말이면 집으로 오고 가던 것을 부모를 속이고 서울로 오르내리면서 공부를 게을리하여 2학기에 장학금을 타지 못하게 되자 급기야 서울로 도피처를 삼았다는 사실을 알게 되었다.

이 모든 사실이 들통 나자 아이는 서울 생활을 정리하고 집으로 내려왔다. 집으로 돌아오자마자 아이는 군 입대 신청을 하고 식당 아르바이트를 하며 지냈다. 1년 동안 허송세월을 보낸 못난 자식이 밉기도 하고 때때로 울컥 화도 치밀었지만 더 나쁜 길로 빠지지 않고 돌아와 준 아이가 한편 다행이다 싶어 마음을 달랬다.

아이는 집으로 돌아온 지 삼 개월 만에 최전방으로 군 입대를 했다.

5주간 신병교육을 마치던 날 면회를 갔다. 군복을 입은 늠름한 모습으로 인사하는 아들을 보니 감개가 무량했다. 평소 의지력과 끈기가 부족한 아이가 최전방 수호병으로 자원했다는 말에 "잘했다."라는 말만 되풀이했다. 제대하면 학업도 열심히 하고 부모님 기대에 어긋나지 않는 자식이 되겠다는 아이의 말에 쏟아져 내리는 빗속을 6시간을 차를 타고 집으로 돌아오는 길은 고단하지가 않았다.

자전거 타기

파란색 자전거, 주황색 자전거, 검정색 자전거 석 대가 거실 한쪽에 나란히 세워져 있는 것을 보고 친구 부인이 집 현관문을 나서며 말했다.

“아빠 자전거, 엄마 자전거, 아들 자전거가 나란히 세워져 있는 것을 보니 보기 좋네요. 나도 이참에 자전거 하나 사서 운동을 해 볼까 생각 중이에요.”

“그렇게 해요. 우리 같이 만나 강변을 따라 달려보면 좋겠어요.”

친구 부부를 큰길까지 배웅하고 나서 자전거를 차례로 마당으로 들어내 세제를 풀어 먼지를 씻고 마른 수건으로 닦으니 새 자전거처럼 빛이 났다.

내가 타는 접이식 주황색 자전거는 십 년째 타고 있지만 녹물 하나 낀 데 없는 마치 어제 산 새 자전거 같다. 비를 맞히지 않고 늘 닦고 잘 관리한 때문이다. 한번은 뒤 타이어가 펑크가 나서 수리 점에 가지고 갔는데 타이어가 마모되어 너덜너덜해져 튜브가 이를 견디지 못하고 찢어진 것도 모르고 자전거포 주인이 튜브를 갈아 넣고 바람을 넣다가 찢어진 타이어 사이로 튜브가 삐져나오자 급히 바람을 빼고는 "어? 자전거는 새것인데 타이어가 다 되었네." 하며 어리둥절한 표정을 보인 적이 있었다.

아내는 자전거를 타지 못했다. 섬에서 자란 아내는 자전거를 배울 기회가 없어 자전거를 못 탄다고 했지만 유난히 겁이 많은 아내는 길을 걷다가도 저만치서 자전거가 달려오면 먼저 겁을 먹고 그 자리에 서서 자전거가 지나갈 때까지 가만히 기다린다. 아내는 내 자전거 뒷자리에 타고 앉으면 자전거가 멈출 때까지 내 옷자락에 땀이 스며들 정도로 나를 꼭 붙들고 있었다.

나는 자전거를 초등학교 이학년 때 배웠다. 나보다 열 살이나 위인 형님은 자전거를 무척 잘 탔다. 어느 날 형님은 짐을 실을 수 있는 큰 자전거를 이웃집에서 빌려와서 나를 번쩍 들어 자전거에 앉히고 뒤에서 자전거를 밀며 자전거 타는 법을 가르쳐 주었다.

몇 해 전 가을 어느 날 외출했다가 돌아와 보니 내 자전거가 온통 흙이 묻어 있었다. 집사람이 아이와 함께 초등학교 운동장으로 가 자전거 타기를 했다고 했다. 그 다음 날 동네 자전거 점으로 가서 집사람이 탈 자전거를 사 가지고 왔다.

초등학교 때부터 자전거를 익힌 나는 중학교 때 어머니를 졸라 자전거를 마련한 후부터 늘 자전거와 함께 했다. 20대 후반까지 가까운 거리도 먼 거리도 늘 자전거를 타고 다녔던 나는 번잡한 도심에서 편한 교통편을 이용하면서 오랫동안 자전거를 멀리했다. 불규칙한 식사에 짧은 거리마저 걷기 싫어했던 내 몸은 점점 불어나 흉하게 변해 갔다. 40대 후반 어느 날 보기 싫게 달라진 내 모습을 보고 세끼의 식사를 두 끼로 줄이고 다시 운동을 시작했다. 그렇게 매일 10km를 자전거를 타고 걷기를 하면서 1년 만에 예전의 젊은 날 모습을 되찾게 되었다.

거실 한쪽 자전거 옆에 전동킥보드가 세워져 있다. 재작년 여름 어느 날 차를 타고 시내로 가는 길에 대학생으로 보이는 남자가 전동킥보드를 타고 내 옆을 지나갔다. 처음 보는 전동보드를 탄 남자의 멋진 모습에 매료되어 시선을 떼지 못하고 있다가 차들의 경적소리에 고개를 돌렸다. 그리고 일주일 후 동네 미용실 가는 길에 역시 대학생으로 보이는 남자가 내 앞에서 전동킥보드를 타고 다가왔다. 전동보드에 우뚝 서서 타고 가는 모습에 눈을 떼지 못하고 있다가 집으로 돌아와 아내에게 킥보드를 가지고 싶다고 했다. 아내는 젊은 학생도 아니고 위험한 보드를 왜 타겠다고 하느냐며 극구 나를 말렸다. 나는 몇날 며칠 고심 끝에 전동킥보드를 주문했다. 전동보드가 배달되어 온 날 아내는 몸조심하라는 한마디만 하고 더 이상 말을 하지 않았다.

나는 늘 타고 다니던 자전거를 내팽개치고 날마다 킥보드 타는 재미를 붙였다. 올라타기만 하면 스르르 가는 전동보드는 팔 다리를 애써 움직이지 않아도 나를 어디든지 편하게 목적지까지 데려다 주었다. 그렇게 전동보드와 함께 했던 내 몸은 나도 모르게 1년 사이에 몸무게는 3kg가 늘어나고 조금은 느슨했던 바지가 늘어난 뱃살로 꼭 끼게 했다. 다시 옛날의 내 모습으로 돌아가려는 내 몸을 보면서 '정신이 편하면 집중이 잘되고 몸이 편하면 마음이 게을러진다.' 는 말을 떠올리며 다시 마음을 가다듬고 매일 한 시간씩 자전거 타기와 걷기운동을 하기로 했다.

지금 아내는 혼자 자전거를 타고 가까운 시장에도 가고 마트에도 잘 간다. 자전거를 타고 나서부터 또 다른 즐거움이 생겼다며 종종 나를 앞장세워 강변도로를 달려갔다 오기도 한다.

육체불만족(六體不滿足)

『오체불만족』의 저자 오토다케 히로타다는 자신의 신체에 관해 '신체는 불만족 인생은 대만족'이라고 말했다. 사지절단증이라는 희귀병을 안고 태어난 그는 몸이 불구라고 해서 인생이 어둡고 슬픈 것만은 아니라고 했다.

물론 인생사 마음먹기에 따라서 행복과 불행이 교차한다. 불행하고 싶은 사람이 어디 있겠냐. 싶지만 작고 큰 장애가 아니라도 자신의 신체에 콤플렉스를 안고 살아가는 사람도 부지기수일 것이다.

오토다케는 선천적 팔다리가 없는 장애를 안고 태어났지만 나는 육체적 콤플렉스가 많은 후천적 장애인(?)이다. 내가 말하고 싶은 육체불만족(六體不滿足)은 시력 낮은 눈, 40대 중반부터 반백이 된 머리칼, 고르지 못한 치아, 불쑥 나온 배, 근육 하나 없는 밋밋한 종아리, 허벅지, O자형 다리이다.

선천적으로 건강하게 태어난 나는 4살 때 소아마비를 앓아 치료 끝에 불구를 면하게 되었지만 남보다 가는 다리에 O자의 볼품없는 모양새가 되었다. 여섯 살 무렵부터 시력이 나빠진 눈은 초등학교 들어갈 때부터 안경을 쓰기 시작했다. 책을 너무 많이 본 탓도 있지만 심하게 편식하는 습관 때문에 영양부실로 고도근시가 되었다. 사십대 중반 늦은 봄날 친구들과 새벽까지 술을 마시고 난 뒷날 일어나니 오른쪽 눈앞이 캄캄했다. 눈에 심한 통증이 왔다. 영문을 몰라 대학병원에 갔다. 정밀사진을 찍어 보니 망막박리였다. 술에 취해 넘어진 기억이 어렴풋이 났다. 담당주치의는 당장 수술하지 않으면 실명이 된다고 했다. 그날 오후 입원을 하고 사흘 후 수술을 했다. 이주 후 수술 전보다 시력은 월등이 좋아졌다.

이십 대부터 유난히 세치가 많았던 머리칼은 40대 중반이 되자 반백이 되어버렸다. 한때는 보름에 한 번 꼴로 염색을 했지만 남보다 일찍 백내장에 걸려 수술을 받고 난 후부터는 염색을 하지 않고 머리를 길렀다. 사람들은 긴 내 머리를 보고 '멋지다' '예술가답게 보인다' 고 말한다. 하지만 남보다 넓은 이마를 보이기 싫어 늘 모자를 쓰고 다니는 나는 검은 머리를 하고 있는 사람이 부럽다.

치열이 고르지 못하고 촘촘한 이는 뿌리가 튼튼하고 실하지만 보기가 좋지 않다. 오른쪽 아래 어금니 두 개가 빠져 버린 볼은 우물로 선명하다. 중학 때 충치로 고생하던 중 앞집에 세 들어 살던 돌팔이 의사가 신경 치료한답시고 큰 대침으로 잇몸을 여러 번 찔러 결국엔 이빨이 빠지고 말았다. 그 이가 빠지고 나자 작년에 옆 이빨도 허물어져 흔들거리더니 빠져버렸다. 치과의사가 빠진 자리에 임플란트를 하라고 권유했지만 차일피일 미루다 하나마저 잃고 말았다.

이런 내 육체의 콤플렉스를 감추기 위해 외출할 때는 언제나 모자를 쓰고 십여 년전 눈 수술 후 지금은 고도근시를 면하였지만 자외선을 조심하라는 의사의 권유에 늘 선글라스를 끼고 다닌다. 그리고 운동을 게을리한 덕에(?) 볼품없이 툭 튀어 나온 배를 겉옷으로 치장하고 있다.

나는 사람들을 마주하는 자리에서는 시력은 나쁘지 않는지 몸에 장애는 없는지 살펴보는 버릇이 생겼다. 그것은 나와 같은 사람을 만나면 동병상련의 입장에서 마음이 애잔하기 때문이다.

내가 제일 부러워하는 것은 재산이 많은 사람도 좋은 직업을 가진 사람도 아니다. 시력이 좋은 사람, 머리가 검은 사람, 몸매가 좋은 사람이 나는 제일 부럽다. 내 눈은 이제 시력교정이 더 이상 되지 않고 O자형의 다리도 무릎 관절이 손상되지 않아 수술이 어렵다고 한다. 눈은 그렇다 치고 다리 모양만 좋아진다면 난 어떤 고통도 감내할 준비가 되어 있다. 그리고 다음 생애엔 아무 콤플렉스 없는 인간으로 태어나고 싶다.

가족

가족이라는 말을 떠올리면 따뜻하고 포근한 집이 생각난다. 가족이란 한 나무에 색색의 희망의 꽃을 피워 올리며 행복이라는 울타리 속에서 서로의 슬픔과 기쁨을 나누고 작은 꿈들을 키워나가는 것이다. 여기 두 가족이 있다.

한 남자가 리어카를 끌고 힘겹게 언덕길을 오르고 있다. 그 뒤를 갓난아기를 업은 젊은 여자가 밀고 있다. 그 남자는 자유를 찾아 혈혈단신 북에서 남쪽으로 왔다. 그 여자는 먼 이국땅에서 잘사는 나라에 돈 벌러 왔다가 그 남자를 만났다. 가족도 없고 가진 것 없는 남자였지만 거짓 없는 마음과 열심히 노력하는 남자에게 이끌린 여자는 남자와 함께 살게 되었다.

변변한 직업 없이 일용직으로 이곳저곳 떠돌던 남자는 가족이 생기자 거리에서 생선 장사를 시작했다. 도매상에서 손수레와 생선 몇 상자를 외상으로 가져와 거리로 나섰다. 온종일 생선 몇 상자 팔아 겨우 입에 풀칠하기도 힘든 생활, 지하 단칸방 보증금은 오래전 다 까먹고 밀린 집세와 전기, 도시가스마저 끊겨 난방도 되지 않는 방에서 서로의 체온을 의지하며 하루하루를 힘들게 살면서도 두 사람은 언제나 서로를 위로하며 웃음을 잃지 않는다.

아내는 남편이 거리에서 온종일 발 동동거리며 장사하는 곳으로 따뜻한 마실 물을 가지고 간다. 남편은 아내가 길거리로 나오는 것을 걱정하며 집으로 들여보내려 하지만 아내는 언제나 남편 곁을 지킨다. 그들을 아는 사람들은 추운 거리에서 떨고 있는 부부에게 늘 생선을 사 주었다.

부부는 늘 웃는 얼굴로 사람들에게 인사를 빼먹지 않는다. 추운 겨울이 지나고 봄꽃이 만발한 날, 생선장수 남편이 예쁜 여자아이를 안고 지나가는 사람들에게 "제가 아빠가 됐어요. 제 딸이에요." 하고 외친다. 환하게 웃음 띤 그의 얼굴엔 행복이 햇살처럼 번져 있다.

진정한 가족이란 그런 것이다. 힘든 날도 기쁜 날도 함께 울고 웃으며 서로를 의지하고 위로하며 살아가는 것이다. 남편은 빨리 돈을 모아 아내를 친정집에 다녀오게 하는 것이라고 했다.

이웃집에 세 남자가 살고 있다. 그 집엔 칠순을 넘긴 노인과 이제 막 고등학생이 된 소년과 오십이 다 된 노총각이 오순도순 살고 있다. 이 세 사람은 피 한 방울 섞이지 않은 남남으로 만나 정(情)으로 뭉친 가족이다.

거리에서 노점상을 하는 노총각이 몇 해 전 장사를 마치고 집으로 돌아오는 거리에서 노숙을 하는 노인을 만났다. 불 꺼진 가게 처마 밑에서 비를 맞으며 몸을 웅크리고 앉아 있는 노인을 보고 근처 식당으로 데려가 밥을 사 주고 갈 곳 없는 노인을 자신의 집으로 데려와 하룻밤을 같이 지내고는 일가친척 피 붙이 하나 없는 노인의 사정을 듣고 부자(夫子)의

연(連)을 맺었다.

그리고 그의 가족이 된 소년도 삼년 전 모처럼 쉬는 날, 친구를 만나러 가는 지하철 안에서 앵벌이를 하는 소년을 보고 뒤쫓아가 자신의 집으로 데려왔다. 갓난아기 때 길에 버려졌던 소년은 자신의 부모 얼굴도 성도 몰랐다. 자신의 어릴 적 처지와 비슷한 소년을 양아버지 호적에 올려 소년을 학원에 보내 중학과정을 마치게 하고 인문계 고등학교에 진학시켰다.

이렇게 피 한 방울 섞이지 않은 두 사람을 한 가족으로 맞아들여 자신을 낳아준 부모보다 더 극진히 양아버지를 부양하고 종종 집을 뛰쳐나가 말썽을 부리는 동생을 다독이며 사는 모습은 참으로 아름답기 그지없다.

가족이란 끈끈한 피를 나누지 않아도 서로 부대끼며 살다보면 뜨거운 정들이 쌓여 한 가족이 된다. 가족이란 한 울타리 안에서 서로 보듬고 이해하며 제각기 희망의 꽃을 피우며 살아가는 것이다.

낙화

고요한 바람의 속삭임에
흐드러진 벚꽃이 진다
길 위로 달려가는
차들의 꽁무니를 좇아
분홍빛 꽃잎들이 날개를 단다

그리움 속에 그대는
바람의 길을 따라가는
하늘 위에 나부낀다
죽을 만큼 좋은 봄날은
무수히 지는 꽃잎이 되어 흐느낀다

깊은 밤 꽃비 내리는
나무 아래에 서면
내 몸에서
무수히 떨어져 나가는 꽃잎들
푸른 상처가 돋아나는 동안
그대의 낯빛 같은
연분홍 꽃잎 위에
잊지 못할
사무친 그리움들이 맺힌다

첫 산행 가던 날

-경남 거창 호음산

늘 방에만 틀어 박혀 글과 씨름을 하는 나를 보면 친구는 등산을 가자고 했다. 산이라고는 뒷산에 산책 삼아 오르는 것 이외는 산에 거의 가본 적이 없는 나는 높은 산에는 못 간다고 했다. 친구는 나를 강제로 끌고서라도 꼭 산에 데려 갈 거라고 반 협박 섞인 말을 만날 때마다 했다. 그러던 어느 날 술자리에서 친구의 강요에 못 이겨 덜컥 약속을 하고 말았다.

일주일은 빠르게 지나갔다. 높은 산에는 처음으로 가는 터라 초조함과 두려운 마음에 평소보다 일찍 잠자리에 들었지만 잠이 쉽사리 오지 않았다. 온밤을 뜬 눈으로 뒤척이다 저 멀리서 신문 배달 오토바이 달려오는 소리에 시계를 보니 새벽 3시가 넘어 있었다.

일요일 아침, 6시 45분,

아이가 연신 깨우는 소리에 겨우 눈을 떴다. 세 시간 남짓 잠을 잔 탓에

머리가 무겁고 몽롱했다. 세수를 하고 거울 앞에 서자 친구에게서 전화가 온다. 다시 한 번 약속 장소를 일러주며 나중에 보자며 전화를 끊는다.

7시 15분,

차려온 밥상에 겨우 밥 한 술 뜨고 새로 산 등산복을 입고 집을 나섰다. 오후부터 기온이 올라갈 거라는 예보가 있었지만 아침 기온은 어제보다 포근했다. 집결지로 가는 시내버스를 타고 출발 장소에 도착하니 우리를 태우고 갈 버스는 미리 와서 대기하고 있었다. 아직 이른 시간 탓인지 차 안에는 두 명의 남자만 있었다. 배낭을 자리에 내려놓고 길에서 친구를 기다렸다.

7시 40분,

한참을 기다리자 친구가 길 건너편에서 손을 흔들며 왔다. 사람들이 하나둘씩 모였다. 출발 시간까지는 아직 여유가 있었다. 근처 다방으로 갔다. 커피 한잔을 마시는 사이 30분이 쏜살같이 지나갔다. 버스로 돌아오니 차 안은 사람들로 이미 꽉 차 있었다.

8시 30분,

우리를 실은 두 대의 버스는 산행지인 거창으로 향해 달렸다. 봄이 가득한 푸른 들녘에는 파릇파릇한 새싹들이 돋아나고 있었다. 산청을 지나자 손바닥만 한 크기의 흰 떡과 요구르트를 하나씩 나눠주었다. 맛이 괜찮았다. 곧이어 총무인 키 작은 여자가 회비를 거둬갔다.

호음산(929,8m)

'호랑이 울음소리가 들린다.'는 거창 호음산은 백두대간의 삼봉산을 지나 빼재에서 갈미봉(1,213m), 대봉(1,263m), 지봉(1,343m), 귀봉(1,455m)으로 이어져 남쪽으로 뻗은 능선에 솟아있는 가야산, 덕유산, 지리산까지 조망이 아름다운 호음지맥상의 산이다.

10시 05분,

차는 산청, 함양을 거쳐 거창 호음산 두물머리에 도착했다. 주먹밥 하나와 소주 한 병이 지급됐다. 8명이 한 조가 되어 산을 올랐다. 남자보다 여자들의 수가 더 많았다. 가파른 산을 오르자 금방 숨이 턱까지 차올랐다.

몸이 비대한 중년의 여자는 나보다 앞서갔다. 나는 뒤처지지 않으려고 선두 그룹을 따라갔다. 30분도 안 되어 이마와 등에서 땀이 솟았다.

11시 10분,

산 능선을 넘자 또 하나의 능선이 나타났다. 다리가 후들거려 발이 떨어지지 않았다. 앞서 가는 친구에게 잠시 쉬어가자고 했다. 조금만 더 가면 쉴 곳이 나온다며 손짓을 했다. 일행 중 한 여자가 내 등을 밀어주며 걸음을 재촉했다. 한참 능선을 따라 오르니 산중턱에 헬기 발착장*이 나타났다.

오후 12시 17분,

정상을 직전에 두고 넓은 초지에 도착했다. 우리는 각자 가져온 도시락을 꺼내 펼쳤다. 갖가지 산나물을 싸온 사람, 기름장에 마와 양배추, 소고기장조림, 삶은 문어 등 마치 한식뷔페를 연상케 했다. 점심을 먹으며 마시는 소주는 다른 때와는 확연히 그 맛이 달랐다.

일행 중 한 분이 산행 중에 마시는 술은 잘 취하지가 않는다고 했다. 우린 각자 가져온 소주를 다 비우고 자리에서 일어났다. 산을 올라 온 열 명 남짓 중년의 여자들은 종주를 포기하고 산 아래로 내려갔다. 하산을 망설이는 나를 친구는 손을 잡아끌었다.

12시 45분,

호음산(930m) 정상 도착.

굴참나무 낙엽이 발목까지 쌓여 있는 능선을 넘자 정상이 보였다. 표지석을 배경 삼아 사진을 찍었다. 발아래에는 구름 덮인 희미한 산봉우리들만 보였다. 정상 아래에서 불어오는 바람은 무척 쌀쌀했다. 잠시 숨을 고른 후에 정상을 출발했다. 얼마 가지 않아 우리 앞에 가파른 내리막이 나타났다. 스틱을 힘주어 짚으며 조심해서 발을 내디뎠지만 미끄러져 중심을 잃고 엉덩방아를 찧었다. 낙엽 아래 잔설이 얼음으로 변해 있었다.

앞서 가던 친구, 넘어지는 나를 보며 조심하라는 말을 건네고 돌아서는 순간 자신도 넘어져 버린다. 우린 서로 옷을 털어주며 웃음을 지었다.

1시 30분,

정상을 넘고 나면 내리막길이 이어질 거라는 말과 달리 능선 하나를 넘으면 또 하나의 능선이 나타나 점점 지치게 했다. 산행을 하는 내내 사람들은 묵묵히 앞만 보며 길을 재촉할 뿐 서로에게 말을 건네지 않았다.

오르락내리락하는 길이 힘이 든다. 이 길은 내 인생길 같다. 숨이 목까지 차오른다. 우리의 인생길은 꽃길인가. 고생길인가. 우리는 무엇을 추구하며 살아가는가를 이 길에서 새겨본다.

2시 50분.

온몸에 땀이 다시 배었다. 재킷을 벗으려고 하자 땀이 난 채로 겉옷을 벗으면 감기 걸린다고 친구가 말렸다. 좁고 가파른 산 능선을 넘으니 골짜기를 따라 불어오는 바람이 차다.

굴참나무 낙엽이 수북이 쌓인 산허리를 돌자 이번엔 따뜻한 바람이 불어온다. 음지와 양지에서 부는 바람이 차이가 많이 나는 것을 느낀다. 사람도 자라는 환경에 따라 성향이 다르듯 자연도 마찬가진가 보다. 이제부터 계속 내리막길이다.

4시 35분.

도착지점이 저 멀리 보였다. 내리막길을 내려오니 오르막보다 다리에 더 힘이 들어간다. 다리가 후들거렸다. 길옆 고랑으로 발이 미끄러지면서 넘어질 뻔 했다. 버스는 미리 와서 우릴 기다리고 있었다.

먼저 하산한 여자들은 차 앞에서 노래하고 춤을 추며 한참 신이나 있었다. 인원 점검을 했다. 두 사람이 산을 내려오지 않고 있었다. 한참을 차 안에서 기다렸다. 두 사람은 등산 코스를 벗어나 다른 지점에 있다고 연락이 왔다. 한곳에 모두 모여 하산주를 마셨다.

6시 10분.

차가 출발하자 실내에 오색 조명이 켜지고 빠른 음악이 스피커를 통해 흘러나왔다. 사람들은 통로에 서서 춤을 추기 시작했다. 앞좌석에 앉아있던 중년 여인 내 손을 잡아끌었다. 의자에 바짝 붙어서 몸을 흔드니 등에서 식었던 땀이 또 났다. 아, 이런 맛으로 등산을 오는구나 생각하니 속으로 웃음이 났다.

8시 10분,

버스는 아침에 출발한 곳에 도착했다. 우리와 한 조가 되어 산행을 한 몇몇 사람은 근처 식당으로 갔다. 식사와 술을 마시며 이야기를 나누다 집으로 돌아오니 밤 10시가 넘어 있었다.

머리맡에 놓아두었던 휴대전화 진동음 소리에 잠이 깨어 전화를 받으니 다리 괜찮은지 친구가 묻는다. 내가 괜찮다고 하자 “하하하” 큰소리를 내어 웃으며 “넌 산 체질이다. 이번 주말에도 산에 가자.”며 전화를 끊는다. 허벅지에 심한 통증이 몰려 왔다.

* 헬기 발착장 : 산꼭대기에 산림 방제나 인명구조용으로 설치된 헬기 착륙장

지리산 삼신봉

새해가 밝아온 지 어느새 열흘이 훌쩍 지나갔다. 길 위로 흐르는 시간은 그물에 걸리지 않는 바람처럼 참으로 빠르기만 하다. 두어 시간 눈을 붙이고 일어나니 창밖이 어스름하다. 밝아오는 효명(曉明)이 어둠과 싸우는 시간은 낮보다 더 빠르게 지나간다.

새해 첫 산행을 가는 날, 묵었던 것들을 내려놓으려 나선 발걸음이 가볍다. 연일 폭설과 전국에 몰아쳤던 한파도 잠시 주춤해져 한층 부드러워진 기온에 움츠렸던 어깨가 활짝 펴진다.

출발 장소로 가는 시내버스에 오르자 며칠 전 신년 모임에서 보았던 K형이 반가운 얼굴로 인사를 건넨다. 몇 마디 말을 나눌 새도 없이 출발 장소에 도착하자 일찍 나온 회원들 반갑게 손을 흔든다. 몇 개월 만에 산행을 나온 친구의 손을 맞잡으니 절로 기운이 샘솟는다.

8시 15분,

차가 출발하자 차 안은 지난해의 무사안녕과 새해의 복을 서로 빌어주

는 덕담으로 차가웠던 실내 공기가 금세 훈훈해진다.

9시 16분,

차가 하동군에 접어들자 산들은 하얀 옷을 입고 어서 오라 손짓을 하고 있었다. 청학동 주차장에 도착을 하니 온 산하가 하얗게 내려앉은 백설로 눈이 부셨다.

지리산 삼신봉(1284m)

청학동에서 서쪽으로 내삼신봉(1,354m)과 중앙의 삼신봉, 외삼신봉(1,288m)으로 이루어진 산이다.

10시 20분,

삼신봉 아래 약수터에서 준비해온 떡과 과일을 차리고 올 한 해 무사안녕 기원제를 올렸다. 모두의 지극한 기도에 신도 감복했으리라. 며칠 전 내린 눈이 얼어 길이 많이 미끄러웠다. 준비해 간 아이젠을 신고 친구와 앞서거니 뒤서거니 산에 올랐다.

11시 20분,

삼신봉 정상도착.

약수터에서 출발한 지 한 시간여 만에 삼신봉에 도착했다. 산은 순백의 눈꽃이 겹겹이 내려앉아 별천지가 되어 있었다. 바람 한 점 없는 산정상은 포근한 엄마 품처럼 아늑하기만 했다.

구름 한 점 없는 푸른 하늘을 보며 내일의 희망을 보았다. 그리고 하얀 눈에 찌들었던 영혼을 씻었다. 묵었던 것을 버리고 새로운 것을 채우고 내려오는 길은 발걸음도 가볍기만 했다.

오후 1시 20분,

삼신봉 정상에서 일행들과 사진을 찍고 한참을 걸어 돌탑이 있는 곳에서 점심을 먹었다. 점심을 먹고 나자 몸에 한기가 느껴졌다. 친구가 건넨 소주 한잔에 금방 몸이 데워졌다.

길은 계속 내리막으로 이어졌다. 눈 덮인 길은 온통 바위 길이었다. 쌓인 눈이 스펀지 역할을 해서 피곤함이 덜했다. 쉬지 않고 걸어 내려오자 왼쪽 다리 습 관절이 아파왔다. 친구는 발걸음이 더딘 나를 뒤돌아보며 기다려주기도 하고 모퉁이에서 나를 부르기도 했다.

2시 30분,

삼신봉 – 쌍계사 – 삼성궁 삼거리 도착.

다섯 시간의 긴 산행 끝에 삼성궁으로 가는 삼거리에 도착했다.

대자연을 호흡하며 지난 세월을 되짚으며 속세의 연을 접어두고 선의 세계로 다녀온 길은 하나의 앎으로 다가온다.

3시 40분,

매표소 주차장에 도착하니 앞서 도착한 일행들 저마다 하산주에 낯이 노을처럼 붉다. 길 위에 격 없이 차린 안주에 주고받는 술잔이 정겹다. 고개 들어 올려다보는 눈 덮인 산이 눈이 시리다. 언제 또 저 하얀 눈길을 걸어 가볼까 하는 생각에 짧았던 하루의 시간이 아쉬움으로 남았다.

4시 20분,

지리산을 떠나옴.

사람과 세상을 잇는 산.

산은 하늘의 이치와 세상의 이치를 깨닫게 한다.

5시 40분,

진주도착.

뒤돌아볼 틈이 없는 도시에 막 어둠이 내려오고 있었다. 술 한 잔하고 가라는 친구의 손을 뿌리치고 버스에서 내리니 거리가 왠지 낯설기만 했다.

몸은 고달프지만 한층 맑아진 육신이 가볍다. 집으로 들어서는 계단에 발을 내딛자 내 분신이 환한 얼굴로 뛰어나와 나를 반긴다.

충북 대둔산

새해가 바뀌고 어느새 2월의 끝자락이다. 겨울 내내 기승을 부리던 한파도 설 명절이 지나자 조금씩 누그러졌다. 설을 쇠고 며칠 만에 만난 친목모임에서 넷째 주에 함께 산행을 가기로 약속을 하고 우리 산악회 지원을 오는 'ㅇㅇ산악회'에 좌석예약을 했다.

평소와 같이 일찍 일어난 아이가 나를 흔들어 깨웠다. 6시 반이다. 주방에선 아내가 점심 도시락을 준비하느라 분주하다. 떠지지 않는 눈을 부비며 일어나 세수를 하고 배낭을 챙겨 집을 나섰다. 길 위로 나서니 아직 잠에서 깨어나지 않은 휴일 도심의 거리는 한적하기만 하다. 집에서 5분 거리인 시청 앞에는 전국 각지로 산행에 나서는 버스들이 길게 줄을 지어 서 있었다.

오전 7시 28분,

차들의 후미에 서있는 버스로 다가가자 산악회 사무국장 B씨가 반갑게 맞아준다. 차에 오르니 내가 첫 번째 탑승이다. 오른쪽 두 번째와 세 번째 좌석 네 자리에 예약 표가 놓여있었다. 두 번째 좌석에 앉아 TV뉴스에 시선을 고정하고 있었지만 어제 오후 늦게 일이 생겨 산에 갈 수 없다는 두 사람의 전화를 받고 길동무가 없는 오늘 산행에 온통 마음이 쏠려 있었다.

출발 시각이 다 되어 가자 한사람 두 사람 차에 오르고 지난 산행에서 만났던 사람들이 버스에 오르며 반갑게 인사를 건넨다. 몇몇 아는 분들을 만나니 오늘 산행이 조금은 외롭지 않으리라 생각이 들어 마음이 놓였다. ㅇㅇ산악회 K고문이 내 옆자리에 동승을 해서 새해 인사를 나누고 있을 때, 우리산악회 G국장이 평상복 차림으로 차에 올라와 감기가 심해 오늘 함께 할 수 없게 되었다며 미안한 표정을 짓는다. G국장이 잘 다녀오라며 인사를 하고 돌아가고 난 후 버스는 출발했다.

8시 12분,

오늘이 대보름날이라 예약을 취소한 자리가 몇몇 있었다. 버스는 오지 않는 사람들을 기다리다 예정된 출발 시각보다 늦게 자리를 떴다. 기상예보에 중부지방엔 맑고 영상의 기온을 보일 거라고 했지만 흐리고 쌀쌀한 기온에 금방 눈이라도 내릴까 염려가 되었다.

8시 40분,

산청휴게소 도착.

원두커피가 생각나 매점으로 갔지만 원두커피 한 잔에 4천원이나 하는 가격에 선뜻 지갑에 손이 가지 않았다. 친구와 함께 왔으면 둘이 나누어 마셨을 텐데……, 하는 아쉬운 마음에 그냥 버스로 돌아와 산악회에서 나눠준 과즙음료를 마셨다.

버스가 출발하자 산악회에서 나눠준 산행지도와 미리 답사한 영상을 보며 오늘 산행할 코스를 익혔다. 산행지도 뒷면에 답사한 날짜, 시간들이 자세하게 기록되어 있었다. 사전 답사 영상과 사무국장의 구연 설명은 인상이 깊었다. 우리 산악회도 본을 볼 점이다.

대둔산(大芚山 높이 878.9m)

큰 덩이의 산을 뜻한다는 대둔산은 전라북도 완주군의 운주면, 충남 금산군과 논산시의 벌곡면과 경계에 있는 산이다. 남쪽은 가파른 암석이, 북쪽은 완만하여 숲이 많다. 물줄기는 장선천, 논산천 등을 통하여 금강수계로 유입된다. 최고봉인 마천대를 중심으로 입석대, 삼선대 등의 봉우리로 이루어져 있다. 정상부 능선에는 석영반암(石英斑巖)으로 형성된 암석경관이 빼어나다. 1977년에 도립공원으로 지정되었다.

대둔산에는 태고사(太古寺) 안심사(安心寺) 신고운사(新孤雲寺) 등의 사찰이 있었으나 6·25전쟁으로 소실되었고, 최고봉인 마천대(摩天臺), 낙조대(落照臺), 월성고지(月城高地), 매봉[鷹峰], 철모, 깃대봉 등의 경승지가 있으며, 충청남도 대둔산도립공원, 전북 대둔산도립공원 등으로 나뉘어 지정되어 있다. 동쪽 산기슭에는 옛 고을인 진산(珍山)이 있고, 산장과 구름다리와 케이블카 등의 관광시설이 있다.

오늘 종주할 코스는, 대둔산 공영주차장에서 서북쪽으로 동심바위-임금바위 - 금강 구름다리 - 삼선 철계단 - 대둔산 마천대(879m) - 낙조대 - 낙조산장 - 석천암 - 수락폭포 - 선녀폭포 - 대둔산 경찰 승전탑 - 주차장으로 이어진 9km 4시간 30분 소요이다.

10시 25분,

대둔산 공영주차장 도착.

우리를 태운 버스는 2시간여를 달려 대둔산 공영주차장 입구에 우리 모두를 내려놓았다. 산 아래에서 올려다본 능선마다 지난 월초에 내린 눈이 아직 녹지 않은 채 하얗게 빛을 발하고 있었다. 시멘트 포장길을 따라 7분여를 오르니 케이블카 승강장이 있었다. 케이블카를 기다리는 사람들 뒤에서 잠깐 망설이다가 일행들의 뒤를 따라 발걸음을 옮겼다.

산 초입부터 가파른 오르막이다. 아직 채 녹지 않은 잔설이 산길 곳곳에 얼어붙어 발걸음이 조심스럽다. 양지바른 쪽은 잔설이 녹아 많이 질척거렸다.

수행하듯 묵묵히 산을 오른다. 도시에서 길들여진 몸은 산을 오르는 순간부터 고단해진다. 도시에서는 내 의지보다 편한 것들에 의지하던 발이 자연에서는 내 힘만으로 움직여야 정상에 다다를 수 있다. 끝없이 이어진 가파른 계단이 발길을 붙든다.

11시 15분,

동심바위 도착.

수없이 난 돌계단을 45분여를 오르니 산길 옆 왼쪽에 마치 어린아이가 웅크린 듯한 모습을 한 동심바위가 있었다.

신라 문무왕 때 국사 원효대사가 처음 이 바위를 보고 발길이 떨어지지 않아 3일을 이 바위 아래에서 머물렀다는 전설이 전해오고 있다. 나도 원효대사처럼 한참 발걸음을 멈추고 서 있었다. 아마 때묻지 않은 순수한 어린 마음으로 돌아간다는 뜻으로 동심(童心)바위라 붙였나보다.

산의 숲을 이루고 있는 나무는 상수리나무, 개비자나무, 소나무가 어우러져 군락을 이루고 있었다. 눈과 얼음이 녹아야 봄이 오듯이 깊이 잠들어 있던 산은 한껏 따뜻해진 햇살에 서서히 깊은 잠에서 깨어나고 있었다. 티셔츠 위에 조끼 하나만 입었지만 따뜻한 햇살에 몸에서 서서히 땀이 배여 났다.

11시 35분,

금강 구름다리 도착.

구름다리 가파른 계단 아래에 다다라 가쁜 숨을 몰아쉬고 올라온 길을 돌아보니 한참이던 길이 한순간 햇살 같다.

시련의 중간은 모두 버겁다. 하지만 한순간을 돌아보는 순간은 가볍다. 발아래 소소한 풍경도 산봉우리 위 웅장한 풍경도 어느 하나 아름답지 않은 것이 없다. 눈길 닿는 곳마다 산마루가 굽어보고 발길 닿는 곳마다 아름다운 풍광이 펼쳐진다.

구름다리에 다다르자 케이블카를 타고 올라온 많은 사람들로 인해 혼잡했다. 평상복 차림의 사람들이 빙판이 된 길에서 비명을 지르며 종종 넘어진다. 가져온 카메라를 꺼내들었지만 카메라가 작동을 하지 않았다. 얼마 전부터 액정에 약간의 문제가 있었지만 배낭을 챙길 때는 별 문제가 없었다. 스마트폰을 꺼내 몇 장의 사진을 찍고 일행들 뒤를 황급히 쫓아갔다.

좌우로 많이 출렁거리는 철제다리는 겨우 두 사람이 비켜 갈 정도로 폭이 좁았다. 다리는 일방통행이다. 다리를 건너자 눈앞에 아찔할 정도로 높은 암능 위에 거의 수직 상태로 놓인 철계단이 보였다. 철계단을 오르는 여성들이 내는 크고 작은 비명 소리를 들으며 발걸음을 옮겼다.

11시 55분,

삼선 철계단 도착.

겨우 한 사람이 오를 수 있는 철계단은 줄줄이 늘어선 산객들로 빨리 오를 수가 없었다. 계단을 오르다 난간을 부여잡고 내려다본 발아래는 아찔할 정도로 높았다. 사람들은 간혹 비명들을 질렀지만 앞사람이 발걸음을 멈추면 난 산 아래를 굽어보며 풍광을 즐겼다.

삼선계단 오른쪽 편에 병풍처럼 둘러쳐진 기암괴석들의 아름다운 풍광에 절로 탄성이 흘러나왔다. 과히 소금강이라 불릴만하다.

발아래 펼쳐진 풍경에 세상의 모든 것을 다 가진 듯 마음이 한없이 넓어진다. 나는 자연의 일부가 된다.

정상에 다다르자 얼어붙은 산길이 빙판이다. 앞서 가던 일행 K 씨가 걸음을 멈추며 아이젠을 신으라고 권한다. 뒤따르던 일행들 모두 아이젠을 꺼내 신었다. 정상에 올라갔다가 내려오는 산행대장이 정상으로 가는 길을 알려준다.

오후 12시 22분,

대둔산 마천대(摩天臺 879m) 도착.

대리석 위로 철 구조물을 올린 개척 기념탑이 인상적이다. 암반 위의 정상은 발 디딜 틈이 없을 정도로 많은 등산객들로 붐볐다. 저 멀리 우리가 가야할 능선 끝에 낙조대가 보이고 손에 닿을 듯 지척에 칠성봉(869m)이 보였다. 그리고 낙조대 아래 낙조산장이 보였다. 정상 아래에서 우릴 기다리는 일행들 생각에 오래 머물 수가 없었다.

정상에서 왔던 길을 되돌아 내려와 후미에 처져 있는 나와 회원 몇몇을 기다리고 있는 사무국장을 만나 칠성봉으로 발걸음을 재촉했다.

여기서부터 칠성봉까지는 완만한 능선길이다. 작은 능선을 넘자 암봉 위에 외로이 서 있는 소나무와 만난다. 오랜 세월 속에 의연하게 버티고 서 있는 소나무는 수많은 풍파를 견디며 말없이 산 아래를 굽어보고 있다.

세월이 더해 갈수록 더 굳세어진다는 소나무처럼 사람도 나이가 들어갈수록 무게가 더해져 간다.

좁은 길에서 산객들과 만난다. 산에서 만나는 인연이 못내 반갑다. 서로 길을 터주며 인사를 건넨다. 한마디의 인사에 끈끈한 정이 나누어진다. 천천히 걷는 것만으로 마음이 비워지고 맑아지는 것은 자연이 주는 선물이다.

12시 50분,

낙조대 도착.

마천대-태고사-낙조산장 가는 삼거리를 지나자 길이 조금 순탄해질 무렵 낙조대가 모습을 드러냈다. 낙조대에 올라 걸어 내려온 동쪽 능선을 따라 크고 작은 네 개의 봉우리 너머 칠성봉이 보이고 그 뒤로 마천대가 우뚝하다. 산 아래 왼쪽으로 논산시가 보이고, 오른쪽으로 대전 방향이다. 저 멀리 북쪽으로 덕유산 향적봉이 희미한 운무 속에 아련하게 보였다.

낙조산장에서 올라오는 사람들 중에 아이젠을 신지 않은 사람들이 종종 눈에 띈다. 자만심일까 자신감일까 하는 생각에 뒷모습을 돌아보게 했다.

내리막길에선 걸음이 더딘 난 쫓아가던 일행들을 자주 놓쳤다. 길동무 하나 없는 산행이 외로웠지만 산행을 하는 동안에 걱정은 봄 햇살에 눈 녹듯 사라져갔다. 회원들보다 앞서간 산행대장이 갈림길 곳곳에 방향 표시를 해 놓아 그 길만 따라가면 일행들을 다시 만날 수가 있었다. 앞만 보고 걷는 산행길이 즐겁지는 않았지만 산길을 걸으며 나를 내려놓은 발걸음은 가볍기만 했다. 자연은 내딛는 발걸음마다 새로운 선물을 준다.

1시 1분,

낙조산장 도착.

낙조대에서 10여분을 내려오니 산장 앞마당에 등산객들로 가득하다. 태고사-낙조대-마천대-수락주차장 사거리 이정표가 있는 낙조산장은 산객들이 쉬어 갈 수 있는 너른 평상과 마당이 있었다. 마당에 놓인 두 개의 평상에는 우리 일행들과 산객들로 인해 앉을 자리가 없었다. 난 축담에 걸터앉아 가져간 도시락을 먹었다. 나보다 늦게 도착한 남녀 일행이 내 옆자리로 와서 앉는다. 술잔을 주고받으며 마신 소주 몇 잔이 식었던 몸을 데운다. 밥을 먹고 자리에서 일어나자 K 회장이 점심을 어떻게 했냐며 다가와서 묻는다. 천천히 발걸음을 옮기는 나를 보고 O 양도 다가와 나를 한참 찾았다며 말을 건넨다. 아마 버스가 출발하기 전 G국장이 나를 부탁한 모양이다.

계속 내리막길이 이어졌다. 간혹 둘씩, 셋씩 짝을 이룬 등산객들과 만난다. 늦은 시간에 정상을 오르는 사람들 생각에 걱정이 앞선다.

1시 59분,

한참 계곡을 따라 내려오니 석천암에 도착했다. 암자 입구에 서서 오늘 산행의 무사함에 합장하고 걸음을 재촉했다. 고요한 정적에 빠진 수락폭포는 녹지 않은 눈 속에 파 묻혀 있었다. 숲이 울창한 여름날과 단풍이 붉게 물드는 가을날을 회상하며 아쉬움을 달랬다.

겨울 산에 도시의 공해와 콘크리트 더미에서 허덕거린 내 육신과 영혼을 씻고 마음을 내려놓고 오는 발걸음이 가볍다.

2시 32분,

대둔산 경찰 승전탑 도착.

등산로가 끝나는 곳에 경찰 승전탑이 있었다. 6·25동란 때 공비들과 싸우다 돌아가신 민간인들과 경찰관들의 넋을 달래기 위해 1986년 6월에 세운 기념탑이다. 승전탑 주위엔 쉼터가 조성되어 나무벤치가 놓여있었다. 먼저 산을 내려온 일행들과 만났다. 아이젠을 벗었다.

잘 포장된 길을 따라 내려오니 왼쪽에 눈썰매장이 있었다. 썰매를 타는 사람들은 동심으로 돌아간 듯 즐거운 비명을 질러댄다. 몇몇의 일행들은 눈썰매장으로 갔지만 나는 버스가 있는 주차장으로 향했다.

2시 53분,

주차장 도착.

우리를 기다리는 버스가 저만치 보였다. 먼저 도착한 산행대장이 하산

주가 준비된 식당으로 오라며 말하고 앞서 간다.

도토리묵과 맛있는 파전이 나왔다. 시원한 맥주에 오늘 하루 산행의 여독이 풀리는 듯 몸에서 뜨거운 기운이 돌았다.

4시 24분,

대둔산을 떠나옴.

6시 25분,

도시로 돌아오는 시간은 두 시간밖에 걸리지 않았다. 같이 산행을 다녀왔다는 이유 하나만으로 우리는 하루 동안 많은 정을 나누었다. 버스에서 사람들이 내릴 때마다 다음 산행을 기약하며 손을 흔든다.

또 일주일이 몸과 마음이 편할 것이다. 돌아보면 내 삶 속에 산이 있고, 그 길에 인생이 있다. 그런 산이 있어서 참 좋다.

동양의 알프스 밀양 천태산

강을 따라 불어오는 바람에 매화향이 가득하다. 봄날같이 포근했던 날씨가 3월 하순이 되자 꽃샘추위로 쌀쌀해졌다. 낮은 기온에도 아랑곳하지 않고 집 앞 가로수에는 만개한 벚꽃이 오고가는 이의 시선을 사로잡는다.

쌀쌀해진 기온에 겨울 티셔츠에 조끼를 걸칠까 고민하다 얇은 봄옷 두 가지 위에 재킷을 입고 집을 나섰다. 오늘은 지역 산악회 일일회원이 되어 경남 밀양 천태산으로 가는 날, 언제나 산행이 그렇듯 오늘은 어떤 산이 나를 기다리고 있을까. 하는 기대 반 설렘 반으로 집결지인 진주시청으로 향했다.

오전 7시 48분,

진주시청 앞 도로변에는 휴일 산행을 떠나는 버스들로 줄줄이 줄을 이어 늘어서 있다. 시청 주차장입구 옆 출발장소에 도착하자 먼저 나온 지인들이 서로 손을 내밀며 반가운 인사를 청한다. 산사랑 회 멤버인 Y씨, ㅇㅇ산악회 P부회장, ㅇㅇ산악회 Y회장, 고문 P씨, 평소 인면이 있는 분

들과 인사를 나누고 버스에 올랐다.

출발 시각이 다 되어가자 내가 회원으로 있는 산악회 총무국장이 차에 올라온다. 의아한 표정으로 묻자 자신이 지원 가는 산악회는 우리보다 30분 늦게 출발한다며 잘 다녀오라며 인사를 하고 간다.

8시 09분,

먼저 타고 온 사천회원들과 진주회원들이 정해진 좌석에 앉자 버스는 이내 밀양을 향해 출발을 했다.

밀양 천태산은 주요 봉우리인 가지산(1240m), 천황산(1189m), 재약산(1108m), 운문산(1188m)이 걸친 곳이다. 주봉과 더불어 화악산(931m), 구만산(785m), 천태산(630.9m), 철마산(630m), 만어산(670m) 등은 저마다 부드러우면서 당당한 맵시를 뽐낸다.

오늘 산행은 원점 회귀 산행으로 천태사 주차장을 출발 - 천태사 - 용연폭포 – 삼거리에서 동쪽 능선을 따라 전망바위 – 비박 굴바위 – 철탑 – 천태산 정상 – 천태공원 – 천태호 전망대 – 삼거리 – 용연폭포 – 천태사 주차장까지 약 8.6km 4시간 30분 소요이다.

10시 02분,

천태산 주차장 도착.

진주를 출발해 두 시간여를 달린 버스는 천태사 아래 주차장에 도착을 했다. 차가 도착하자 산악회 운영진이 준비해 온 시산제 제물을 주차장 한쪽에 차렸다. 올 한 해 동안 무사산행을 비는 시산제가 시작되고 참석한 회원들은 정성을 담은 술잔을 올리며 저마다의 기원을 빌었다.

10시 28분,

산행시작.

천태산 제일 문을 지나자 외로이 붉게 핀 동백이 지난날 이루지 못한 내 사랑을 아련하게 한다.

천태사 경내를 지나 대웅전 뒤편에서 등산로를 만났다. 등산로 입구에는 위압감을 느낄 정도의 큰 암벽이 버티고 서 있다. 붉게 핀 진달래가 수줍게 우릴 반긴다. 반가운 마음에 가던 걸음을 멈추고 바라보다 천천히 발걸음을 옮겼다.

암벽 옆으로 들어서자 화강암 너덜지대다. 너덜지대를 지나 바위사이로 난 경사 길을 오르니 로프구간이 나왔다. 계곡 옆으로 처진 로프구간은 크게 위험하지는 않았지만 긴장을 늦추지 못했다.

흐르는 계곡 물소리를 들으며 10분을 오르자 용연폭포가 자태를 드러낸다. 겨울 가뭄 탓에 물줄기가 작다. 놓여진지 얼마 되지 않은 나무계단

중간지점에서 잠깐의 휴식을 취한다. 재킷을 벗어 배낭에 넣고 뒤에 처진 Y 씨를 기다렸다.

폭포를 배경으로 사진 몇 장을 찍고 가파른 계단을 올랐다. 바위를 타고 시원스럽게 떨어지는 물줄기가 상쾌함을 안겨준다. 폭포상단부에 올라 암벽을 5분여를 오르자 우거진 숲이 나왔다.

개울가 노랗게 핀 생강나무와 만난다. 싸한 향기를 내뿜는 생강나무는 잎새 없는 외로움을 꽃잎에 감추고 홀로 서 있다. 물 흐르는 골짜기를 건너고 100여 미터 지나자 갈림길이 나왔다.

우리 일행은 오른쪽 개울을 다시 건너서 능선을 타고 올랐다. 갈림길에서 왼쪽 능선을 타고 오르면 천태호로 가는 길이다. 원래 산행코스는 천태호 전망대를 지나 천태공원을 거쳐 산 정상으로 가는 코스였지만 선두에 선 일행들이 코스를 잘못 잡아 동쪽 능선을 택한 때문이다. 원점 회귀 산행이라 걱정은 이내 사라졌다.

하늘을 받쳐 들고 있는 나무가 꿋꿋하다. 혹독한 겨울을 보낸 나무와 풀은 푸른 새 생명들을 대지에 피우고 있다.

한발 앞서 가던 Y 씨가 능선에 다다르자 거친 숨을 몰아쉬며 잠시 쉬었다 가자고 말한다. 개인 화물차를 몰고 전국을 다니는 Y 씨는 자주 산에 오를 여유가 없어 오늘 힘든 산행이 될 것 같아 보였다.

천천히 걸음을 옮긴다. 오르락내리락 수없이 하는 산은 인생의 삶과 같아서 욕심을 버리는 사람만이 느리게 갈수 있다. 산을 오르는 사람은 지금의 이 고단함이 점점 기쁨이 되어가는 것을 알게 된다.

11시 55분,

안부사거리 도착.

전망바위에 오르니 눈 아래 천태사 무량수궁과 당우들이 보인다. 산 아래에선 그리 규모가 크지 않아 보이던 고찰 천태사가 웅장하다. 오른쪽 너른 평야 뒤로 굽이굽이 흐르는 낙동강 물줄기가 보인다.

앞서 가던 남자 회원 한 분이 비박굴 아래에서 신선인 양 도 닦는 자세를 취한다. 뒤이어 오던 일행들 모두 걸음을 멈추고 한마디씩 한다. 비 박 굴 을 지나 천태고개를 30여 분을 오르자 안부사거리가 나왔다. 앞선 일행 모두 길가에 서서 잠깐의 휴식을 취한다. 회장 L 씨가 배낭에서 방울토마토를 꺼내 일행 모두에게 권한다.

여기서부터 정상까지는 0.5km가 남았다. 왼쪽 능선을 따라 정상에서 내려오는 산객들과 만난다. 올라오는 길을 묻는 산객들에게 길을 일러주자 안도의 미소가 얼굴에 번진다. 아마 여러 곳에 난 갈림길을 돈 모양이다.

시산제 뒷정리를 하다 늦게 일행 뒤를 좇아온 산행대장 J 씨가 내 뒤를 따르는 여성 회원에게 재치 넘치는 말을 건네며 우스갯소리를 한다. 거친 숨소리만 들리던 산길에 즐거운 웃음소리가 울려 퍼진다.

사람과 사람 사이에서 덕을 행한다는 것은 참으로 어려운 일이다. 산은 자신의 모든 것을 인간에게 말없이 다 내어준다.

세상의 온갖 시름을 다 안아 주는 산. 산이 있어 산에 오른다. 부질없는 욕심과 아집을 버리기 위해.

오후 12시 00분,

철탑 도착.

안부사거리를 지나 5분여를 오르자 철탑이 나왔다. 앞선 일행 20여 명은 철탑 주위에 자리를 잡았다. 나보다 뒤처진 Y 씨가 오기를 기다리며 이른 점심을 먹었다.

각자 싸온 도시락을 풀어 펼치니 봄나물에다 전, 각가지의 반찬들이 뷔페가 되어 입안을 즐겁게 한다. 아내가 정성스레 싸준 김밥이 오늘따라 더욱 맛있게 여겨졌다. 사람들은 좋은 아내를 두었다며 한마디씩 하며 김밥을 덜어간다.

12시 46분,

점심 후 출발.

다른 때보다 이른 점심을 먹고 자리에서 일어났다. 산 정상이 바로 눈앞이긴 해도 부른 배 때문에 몸이 조금 힘겹다.

지나온 풍경이 저 아래에서 멀어진 산객을 올려다본다. 척박한 바위틈에서 뿌리를 내린 소나무가 신비롭다.

12시 53분,

천태산(天台山 630.9m) 정상 도착.

정상 아래 천태호가 보인다. 북동쪽으로 신불산과 영축산, 염수봉이 있고 남쪽으로는 무척산 뒤로 낙동강이 흐르고 있다. 영남의 3대 명산답게 산은 완만한 능선으로 이어지다가 봉우리에 다다르면 우뚝 솟는 산세는 경치가 아름답고 빼어나다.

좋은 풍경은 무거운 마음을 풀어 놓는 힘이 있다.

산 아래에서 불어오는 봄바람이 좋다. 봄바람에 실려 오는 향기는 좋은 사람을 만난 것처럼 기분을 좋게 한다.

산 정상 표지석을 배경삼아 사진을 찍고 주위 경관을 둘러보며 잠깐의 휴식을 취했다. 이제 막 푸른 잎사귀들이 돋아나는 산은 새 생명을 잉태하듯 봄기운이 완연했다.

하산 길은 완만한 내리막길이다. 서쪽 능선을 따라 하산한 지 30분여

만에 2개의 철탑을 만난다. 2번째 철탑에서 왼쪽 길로 가면 안부사거리로 가는 길이다.

앞서간 일행 몇몇이 왼쪽 길로 잘못 갔다가 갔던 길을 되돌아 나왔다. 이정표가 제대로 되어 있지 않은 탓이다. 철탑 갈림길에서 오른쪽으로 내려오면 희미한 묏자리가 있는 봉우리에 닿는다. 산 아래 천태호가 눈앞에 닿을 듯하다.

1시 54분,

천태공원 도착.

정상에서 1시간여를 내려오자 천태호 위에 자리한 천태공원이 있었다. 일정에 바쁜 걸음에 공원을 둘러볼 여유가 없었다.

포장된 길을 따라 10여 분을 내려오니 천태호를 눈앞에서 전망할 수 있는 이층 전망대와 주차장이 있었다. 승용차만 주차할 수 있는 주차장에는 휴일 나들이를 나온 차들이 많이 있었다.

주차장 앞에서 뒤처진 일행들을 기다렸다. 함께 하산을 했던 일행들이 다 모이자 다시 발걸음을 재촉했다. 여기서부터 50여분을 더 가야 하산지점에 다다를 수 있다.

삼거리에서 산길을 따라 능선을 타고 내려오자 바위 위에 시멘트를 깔아놓은 돌계단이 이어졌다. 하나하나 놓인 돌계단의 수고로움이 고마워진다. 여기부터 용연폭포 갈림길까지는 가파른 내리막길이다.

꿈 바위라 불리는 전망바위에서 잠깐의 휴식을 취하고 급한 내리막길을 내려오니 숲 우거진 계곡과 만난다. 침목 두 개로 놓인 나무다리를 건넌다. 조금은 불안한 나무다리를 건너면서 좀 더 튼튼한 버팀목으로 된 다리가 좋을 것 같다는 생각이 들었다.

갈림길에서 올라온 등산길을 다시 되짚어 내려오는 바위 길에 내딛는 발길이 조심스럽다. 짚는 스틱에 힘이 들어가고 두 다리에 힘이 실려진다. 용연폭포를 지나 천태사 경내에 내려선다.

2시 45분,

천태사 도착.

천태사 경내를 천천히 둘러보며 대웅전 부처님 전 두 손 모아 우리 가족 건강하고 무탈하기를 소원한다. 암벽에 양각된 무량수궁 부처님의 온화한 붉은 입술이 인상적이다.

2시 57분,

천태사 주차장 도착.

천태각 일주문을 지나 산행들머리에 도착하니 먼저 하산한 회원들 오늘 하루 고단한 산행을 위로해준다.

천태사 주차장 한편에 하산주가 준비되었다. 우리 모두는 간이탁자에 빙 둘러앉아 오늘 하루 무사 산행을 축하하는 축배를 들었다.

4시 11분,

천태사를 떠나옴.

버스가 원동면으로 들어서자 차가 밀리기 시작했다. 양산 시가지에서 원동역으로 이어지는 낙동강 변을 따라 철길 옆으로 만개한 매화꽃축제에 봄나들이를 나온 사람들로 거리에는 차와 인파가 넘쳐났다. 눈부신 하얀 매화꽃의 세상에 눈을 떼지 못하게 했다.

6시 11분,

진영휴게소 도착.

버스가 휴게소에 도착하자 매점으로 가서 원두커피 한잔을 샀다. 양이 가득한 커피를 여럿이 종이컵에 나눠 마셨다. 짧은 하루를 아쉬워하는 해는 고속도로를 빠르게 질주하는 버스 뒤를 쫓아왔다.

7시 28분,

버스는 함안휴게소에 들러 출발 장소인 시청 앞에 도착했다. 하루의 짧고 긴 여정이 끝나는 순간, 기분 좋은 피로가 밀려왔다. 새로운 만남과 이별이 하루의 짧은 시간을 아쉬워한다. 손을 흔들며 또다시 만나자는 인사에는 짙은 아쉬움이 남아있다.

산은 언제나 그곳에 있다. 하지만 그 느낌은 언제나 다르다. 여유가 없는 도시의 분주함 속에서 몸이 힘들고 지쳐갈 즈음 산을 그리워하며 정(情)을 나눈 사람들과 함께 산행할 날을 손꼽으며 또 기다릴 것이다.

도시의 봄

봄은
강을 따라 불어오는 바람 속에서
한층 두꺼워진 봄볕 속에서
길 따라 선 가로수의 잎들에서
처녀들의 화사한 웃음 속에서
거리의 진열장에 걸린 철 이른 옷들 속에서
교차로의 화단 속에서
짙게 피어오르는 안개 속에서
놀이터의 아이들 노래 속에서
사람들의 오가는 발길 속에서
봄은 어김없이 오고 있다

전남 강진 덕룡산

봄처녀 제 오시는 음력 춘 삼월이 되었지만 꽃을 시샘하는 추위가 연일 계속 되고 있다. 지난 주말 거센 바람과 함께 내린 비에 길가에 흐드러진 벚꽃들은 일순간에 지고 말았다.

남쪽 거제에선 산에 들에 만개한 진달래 소식이 전해온 지 열흘이 넘어선지라 진달래 꽃구경 제대로 한번 못하고 봄을 떠나보내는 것이 아닌가 하고 아쉬움이 앞섰다. 다행히 주말에는 남부지방엔 기온이 오르고 날씨도 맑을 것이라는 기상예보에 산 능선을 따라 흐드러지게 핀 꽃들의 향연을 그려본다.

새벽 늦게 잠이 들어 2시간여를 자고 잠자리에서 일어났다. 이틀 동안 내내 심한 두통에 시달리다 잠을 제대로 자지 못해 산행을 할 수 없을 것 같았던 두통이 거짓말처럼 사라졌다. 방문을 열고 나오는 나를 보고 아내가 근심어린 표정으로 쳐다본다. 이제 괜찮아졌다는 내 말에 안도의 낯빛을 보인다. 이틀 밤을 끙끙 앓는 것을 본 아들도 내 뒤를 따라 나오

며 가까이서 내 얼굴을 살핀다. 날 걱정해 주는 아내와 아들이 내심 고마워진다.

7시 25분,

아내가 새벽잠을 떨치고 일어나 정성을 담아 싸준 점심 도시락을 챙겨 가벼운 마음으로 집을 나섰다. 얇은 겉옷으로 파고드는 쌀쌀한 기온에 몸이 움츠러든다. 도심을 가로지르는 강을 따라 피어오르는 안개가 자욱하다.

집결지 방향으로 가는 시내버스에 오르자 버스기사가 반갑게 인사를 건넨다. 화답을 하자 기사의 얼굴에 잔잔한 미소가 번진다. 오고가는 짧은 인사 한마디에 서로의 마음이 훈훈해져 온다.

오전 8시 04분,

버스는 구, 동명극장을 출발해 강진으로 향했다. 오늘도 예약한 좌석이 군데군데 비어있다. 기온도 예년보다 낮고 중부지방에 오전 한때 비 예보가 있었던지라 산행을 포기한 것이라고 이해를 해 보려 하지만 자신이 한 약속을 지키지 않고 대수롭지 않게 저버리는 사람들을 보면 한심한 생각이 든다. 아무리 사소한 약속일망정 약속을 소중하게 여기지 않는 사람은 약속을 또 어기게 되고 그것이 반복되어지면 작은 믿음마저 깨어지게 된다. 사람의 관계란 믿음 속에서 시작되며 믿음 위에서 신뢰가 유지 되는 것이다.

8시 46분,

섬진강휴게소 도착.

휴게소에는 꽃 나들이 나온 관광버스들과 상춘객들로 몹시 붐볐다. 버스에서 내리자 산악회 운영위원장 P씨가 커피 코너로 손을 붙잡고 이끈다. 친구 K와 커피를 한 잔씩 들고 버스로 돌아와 종이컵에다 커피를 일행들과 나누어 마신다. 양은 적지만 정은 가득 넘친다.

전남 강진 덕룡산(432.9m)

골산의 웅장함과 장산의 부드러움을 함께 지니고 있는 산이다. 설악산 용아능이나 공룡능에서나 맛볼 수 있는 암봉들이 불쑥불쑥 치솟다가 남단의 마지막 암봉인 제8봉을 넘어서면서 영남 알프스를 오르는 듯 부드러운 능선이 마음을 가라앉혀 준다. 덕룡산은 8개 암봉으로 이루어져 있다.

오늘 산행기점은 소석문 들머리에서 동봉 – 서 봉– 수양삼거리(무덤) – 수양관광농원 – 수양마을회관까지 약 9km. 산행시간은 5시간이다.

10시 46분,

소석문 도착.

강진에서 813번 지방도로를 따라 완도 방향으로 향하다 도암 중앙초교 입구에서 우회전, '강진의 소금강'이라 불리는 석문협곡으로 들어서면 봉황저수지 둑이 보이는 지점에 이르러 공터와 등산로 안내판이 보인다. 도로가 협소해 길을 따라 올라가 다리가 있는 곳에서 버스를 돌려 내려왔다.

강진 산악인들은 산 밑에서 가장 높아 보이는 제5봉 동봉(420m)을 주봉으로 삼지만, 제일 높은 봉은 제6봉인 서봉(432.9m)이다.

징검다리를 건너면 잠시 급경사 오르막이 기운을 빼지만 일단 능선에 올라서면 한숨 돌려도 된다. 칼날 암릉을 피해 왼쪽 우회로를 가도 된다.

둔덕 같은 제1봉을 지나 두 개의 암봉이 붙어 있는 제2봉에 올라서면 동봉과 그 뒤로 이어지는 암봉들이 눈에 들어오면서 본격 암릉 산행이 시작된다.

제2봉과 제3봉 사이의 피너클 구간은 사면 우회로를 택해 평범한 바윗길로 올라서면 제3봉 정상이다.

11시 39분,

암봉 세 개를 넘자 제4봉 직전의 갈림목 소석문(1.57km), 동봉(0.86km)에서 왼쪽으로 만덕광업으로 이어진 길이 나왔다. 봄철 동네 나물꾼들이나 이용하는 길이다. 이어 나타나는 갈림목에서 왼쪽 길을 따르면 암릉길이고, 오른쪽 길은 우회로다. 완도 거금도를 비롯한 크고 작은 섬들이 펼쳐지고, 오른쪽으로는 산봉우리들이 가슴 설레게 하는 구간이다.

오후 12시 26분,

안부 조릿대 숲에서 왼쪽으로 빠지는 길은 용혈을 거쳐 규사 광산인 만덕광업 입구로 내려서는 길이다. 용혈은 용 세 마리가 승천했다고 전하는 이야기 외에도 고려 때 만덕산 백련사 말사인 용혈암이 있던 곳으로 백련결사운동을 주도했던 원묘국사 요세가 말년에 머물렀고, 다산 정약용이 유배시절 자주 들렀다고 전하고 있다.

암봉을 네 개를 넘고 일행 여섯 명과 함께 산길 옆에서 점심을 먹었다.

1시 23분,

동봉(420m) 도착.

동봉은 덕룡산 제5봉이다. 동봉 정상 너머는 급경사 벼랑이지만 발판을 박아놓아 안전하게 내려설 수 있다. 동봉을 넘어서면 잡목 숲 구간에 이어 아기자기한 바윗길이 나타나고, 이어 짧은 벼랑을 올라서면 서봉 정상이다. 벼랑 아래 우회로가 나 있지만 곧장 오르는 것보다 거리가 멀어 오히려 더 힘이 든다.

서봉 정상에 올라서면 앞서보다 더욱 거대한 암릉이 나타난다. 서봉 하산 길은 벼랑을 타고 내려서야 할 듯 섬뜩하게 느껴지지만 실제로는 바위턱이 계속 이어져 큰 어려움 없이 내려설 수 있다. 이후 부드러운 능선을 따라 제7봉 암릉 구간에 들어서기 전 갈림목(서봉 0.4km, 양란 재배장 4.19km, 수양마을 1.6km)에서 왼쪽 길을 택하면 수양리로 내려설 수 있다.

갈림목을 지나 제7봉에 올라서면 바로 뒤에 제8봉이 나타나리라 기대하게 되지만 이후에도 바위 구간은 한동안 이어진다. 산길이 확신이 서지 않을 때에는 빨간 페인트로 표시된 방향으로 가면 된다.

불꽃 형상의 제8봉 정상은 바로 밑에서 우회하여 동백나무 숲길을 따라가면 정상 뒤편이 절벽을 이루고 있어 자일을 확보하지 않은 상태에서 내려서기가 쉽지 않다. 제8봉을 내려서면 산세는 전형적인 육산으로 바뀐다. 초입의 갈림목(서봉 1.98km, 양란재배장 2.61km)에서 왼쪽 길로 접어들면 수양리 마을로 내려선다. 갈림목에서 작천소령, 양란 재배장까지는 약

40분, 작천소령에서 수양 관광농원까지는 20분 정도 걸린다.

2시 35분,

서봉 - 양란 재배장 - 수양마을로 가는 삼거리 도착.

3시 10분,

수양 마을회관 앞 도착.

4시 05분,

수양마을을 떠나옴.

5시 21분,

식당에서 식사와 하산주 후 출발.

6시 07분,

보성녹차휴게소 도착.

7시 36분,

서 진주 도착.

짧고 긴 하루가 또 쏜살같이 지나갔다. 오늘 하루 동안 걸어간 산길을 되짚어본다. 꽃과 나무, 바위와 구름, 두 눈에 각인되었던 자연이 공해에 찌든 내 심신을 위로한다.

전남 강진 만덕산

하늘 가득히 길 위로 우산 위로 부슬부슬 내리던 봄비가 그치고 여인의 눈물처럼 아쉬움에 떨어지는 하얀 꽃잎이 어깨 위로 꽃비 되어 흩날린다.

완연한 봄기운에 한결 가벼운 옷차림에 며칠 전 친구가 선물해 준 새 배낭을 메고 마음도 가볍게 집을 나섰다. 봄꽃 마중 가는 산행 길, 부푼 마음은 벌써 진달래 붉게 피어있는 만덕산 산 능선에 가 있었다, 산행 출발장소 구, 동명극장 앞에는 반가운 얼굴들이 먼저 나와 환한 미소로 반긴다.

오전 8시 12분,

약속시간이 지나도록 오지 않는 사람을 기다리던 버스는 무거운 발길을 돌리듯 아쉬운 마음을 두고 전남 강진으로 향해 떠났다. 버스는 남해 고속도로를 향해 달렸다. 간밤에 잠을 설친 탓에 시린 눈을 달래려고 눈을 감고 있으니 총무국장인 G씨가 다가와 자주 얼굴 보여 달라고 말을 건넨다. 눈을 감고 있었지만 쉽게 잠이 들지 않는다. 참 고약한 버릇이다.

11시,

버스는 세 시간여를 달려 용문사 절 입구에 우리를 내려놓았다. '큰 법당' 이라고 현판을 한글로 써놓은 것이 이색적인 용문사는 주변 경관도 수려했다.

용문사 옆 왼쪽으로 나 있는 길을 따라 올라가자 가파른 길이 시작되었다. 만덕산은 이미 봄꽃 향연이 시작되고 있었다. 군데군데 붉게 피어있는 진달래꽃, 노란 생강꽃, 청초한 수선화가 우리를 반겼다. 진달래 꽃잎을 따 먹으며 능선에 다다르자 우뚝 서 있는 암능을 앞에 두고 산 아래 저만치 오른쪽에 정자가 있는 석문공원이 내려다보이고 그 위로 전망대가 보였다.

도로 좌우로 수백 년의 세월이 만들어 낸 기이한 기암절벽은 가히 진경산수화에 버금가는 풍경이었다. 능선을 따라 암능들이 계속 나타났다. 길은 암능 왼쪽으로 우회했다가 암능 위로 나타났다가 다시 암능 오른편으로 돌아갔다.

산행코스, 백련사 - 286봉 - 바람재 - 만덕산(깃대봉411.6m) - 백련사 - 다산초당 - 유물전시관 - 주차장 약 4시간 30분 소요.

산 아래에서 운무 가득 밀려온 하늘이 온통 희뿌옇다. 남도의 공룡능선인 덕유산을 닮은 듯 각가지 형상을 한, 암능들은 눈을 사로잡기에 충분했다.

이태째 산행을 다니고 있지만 아직도 산을 잘 못타는 나는 오르락내리락 하는 암능에서는 다리가 후들거렸다. 바위 틈새에 노랗게 피어있는 생강꽃을 바라보며 시원한 바람이 불어오는 바위 위에서 잠깐의 휴식을 취하다가 서둘러 일행 뒤를 좇아갔다.

오후 12시 15분,

석문공원으로 내려가는 길과 백련사로 가는 길이 갈라지는 삼거리에 도착했다. 백련사까지의 거리는 5.23km다.

길은 계속 암능 길이 이어졌다. 우리 산악회에 처음 오신 나이 드신 세 분의 뒤를 따라 그 분들의 이야기를 즐겁게 들으며 거친 암능을 넘으니 힘든 줄을 몰랐다. 저만치 오른쪽으로 멀리 간척지가 보이고 그 뒤로 강진만이 보였다.

고개를 숙여야 오를 수 있는 산은 겸손을 가르친다.

1시,

겹겹이 이어지는 봉우리를 넘으며 거친 숨을 몰아쉬며 앞만 보고 걷는데 뒤에서 귀에 익은 목소리가 들려 걸음을 멈추고 돌아다보니 우리 산악회 회원인 P씨가 언제 내 뒤를 바짝 따라왔는지 능선 위에서 나를 부르며 오고 있었다. P씨와 함께 동행을 하니 조급한 마음은 어느새 여유가 생기고 편안해졌다.

밧줄이 드리워져 있는 곳이 나타났다. 암능 길은 계속 이어졌다. 멀리 바람 재 뒤로 우뚝 솟은 암봉이 보인다. 만덕산 정상인 깃대봉은 그 봉우리 뒤에 있어 보이지 않았다. 마침내 암능 길이 끝나고 평탄한 길이 나타났다.

바람재가 1.47km 남았다는 것을 알려주는 이정표를 지나자 길옆 굴참나무 낙엽 수북이 쌓인 곳에서 산악회 일행 열 명 남짓 점심을 먹다가 우리를 불러 세운다. P씨와 나는 일행들 옆에 자리를 펴고 P씨가 끓인 라면과 내가 싸가지고 간 김밥을 먹었다.

1시 40분,

점심을 먹고 임도를 따라 올라가니 왼쪽에 안테나 시설물이 있었다. 거기서부터 바람재까지는 계속 내리막길이었다. 작년에 다친 왼쪽 무릎에 통증이 왔다. 가는 길을 멈추고 스프레이 파스를 뿌렸다. 두 번이나 P씨를 불러 세웠다. P씨는 쉬는 순간마다 길옆 풀 위에 털썩 주저앉아 쉬었다. 털털하고 유머가 넘치는 P씨하고 산행을 하는 동안 내내 마음도 즐거웠다.

2시 43분,

안부 사거리 해발 240m의 바람재에 내려섰다. 눈앞에 올라야 할 경사가 급한 큰 암봉이 떡 버티고 있었다. 암석위로 올라갈수록 각양의 바위들이 그 모습들을 드러냈다. 마침내 봉우리에 올랐다. 정상인 깃대봉은 한참 떨어져 있었다.

짙푸른 강진만과 사방이 탁 트인 녹색 빛 들판이 가슴속을 후련하게 해 주었다. 백련사 쪽으로 내려가는 길은 경사가 급했다. 동백나무가 드문드문 있는 곳을 지나자 삼거리가 나왔다.

3시 8분,

백련사에 들렀다. 만덕산 주봉 아래에 고즈넉이 자리 잡고 있는 천년고찰 백련사는 등산객으로 붐볐다. 추억을 사진에 담고 시원한 약수를 서로 권하며 마시고 저만치 아래 우리를 기다리고 있는 버스로 발걸음을 옮겼다.

백년사를 내려오는 길 양옆에는 길게 늘어선 천연기념물 151호인 동백림이 녹차밭 주차장까지 이어지고 있었다. 무사히 산행을 마쳤다는 안도감에 다리에 힘이 풀렸다 천천히 발걸음을 옮겼다.

그리워 그리워
목메어 부르다 끝내
붉은 가슴 멍들어
송두리째 지고 마는 꽃
–「동백」 전문

봄은 축제의 계절이다.

봄의 여신은 붉고 붉은 동백을 지천으로 피어 놓았다.

동백 숲에서 지난 그리움을 만난다.

이제 머지않아 붉게 타올랐던 저 꽃잎은 많은 그리움들을 남겨둔 채 속절없이 지고 말 것이다. 우리의 지난 사랑이 그러했던 것처럼.

그러나 그리움의 유전자는 올 겨울 또다시 못 다한 사랑으로 붉고 붉은 꽃을 피워 올리게 할 것이다.

3시 30분,

동백림 끝나는 곳에 주차장이 있었다. 먼저 산행을 마친 산악 회원들이 우리가 타고 온 버스 옆에서 자리를 잡고 우릴 맞아 주었다. 주차장에서 올려다 본 동백 숲 뒤로 깃대봉이 우뚝하다.

4시 40분,

만덕산을 떠나옴.

7시 5분,

섬진강휴게소 도착.

8시 1분,

우리를 태운 버스는 아침 출발지에 도착했다. 중간마다 내린 사람들로 차 안에는 일행들이 얼마 남지 않았다. 차에서 내려 회원들과 작별 인사를 나누고 따뜻한 정(情)이 기다리고 있는 집으로 발걸음을 옮겼다.

전남 강진 주작산

보름만의 산행이다. 원고 작업과 다른 일들이 겹쳐 2주 동안 산행을 가지 못했던 까닭에 설레는 마음은 벌써 산 정상에 가 있었다. 새벽잠을 떨치고 일어나 도시락을 싸는 아내의 고마움에 뒤로 살며시 다가가 얼굴을 비비자 활짝 미소를 짓는다. 차려온 아침상에 김밥 몇 토막과 토마토주스 한잔을 마시고 집을 나서니 잔뜩 찌푸린 하늘이 대지에 바짝 다가서 있다.

일요일 오전 7시 30분,

집 앞 길 건너 회색빛 담장 너머 만개한 벚꽃나무 아래에서 발걸음을 멈추고 신선한 아침 공기가 전해주는 꽃향기에 잠시 취해 있다가 발걸음을 집결지로 향했다.

출발 장소에 도착하자 총무 G씨가 길 건너편에서 손을 흔들며 다가온다. 지정된 좌석에 앉아 있으니 정겨운 얼굴들이 하나둘씩 차에 오르며 반가운 인사를 건넨다.

8시 16분,

우리를 태운 차는 남해고속도로를 달렸다. 남부지방에 오전부터 비가 내린다는 일기예보가 있었지만 남쪽으로 내려갈수록 두껍게 내려앉았던 하늘은 조금씩 높아지고 있었다.

늘 컴퓨터에 매달려 답답했던 심신이 달리는 차창으로 스쳐 지나가는 농촌의 싱그러움에 어느새 상쾌해져 왔다.

전남 강진군 신전면에 위치한 주작산(朱雀山 약430m)은 해남군과 경계에 있는 산으로 주작산을 시작으로 덕룡산-석문산-만덕산에 이르는 암릉은 북동쪽에서 남서방향으로 해안선과 나란히 이어져 있다.

봉황이 날개를 펼쳐 감싸 안은 듯한 형상을 하고 있으며 머리 부분에 해당하는 주작산이 최고봉으로 그 아래에는 봉양제 저수지가 있고 산기슭으로 주작산 자연휴양림이 있다. 우측 날개 부분은 해남 오소재로 이어지는 암릉이며 좌측날개는 작전소령과 북쪽으로 덕룡산으로 이어지는 능선으로 되어 있다.

산행코스, 오소재 입구 - 오소재 - 작전소령 - 주작산(429.5m) - 동양제 못 약 4시간 50분 소요.

11시 20분,

차는 섬진강휴게소, 금강휴게소를 들러 3시간여를 달려 오소재 입구에 도착했다. 아름다운 남도의 이름난 산으로 소문난 덕분에 전국 각지에서 몰려든 산악인들을 실은 대형버스들로 길이 많이 혼잡했다.

산 초입부터 가파른 산길이 시작되었다. 그리 높지 않은 능선을 오르자 산허리를 감으며 피어난 진달래꽃들의 향연이 펼쳐졌다. 여기저기에서 감탄사가 터져 나왔다. 진한 꽃향기와 산 아래에서 실려 오는 상쾌한 바람은 공해에 찌들었던 가슴을 탁 트이게 했다. 자연이 주는 선물을 온 가슴에 안고 돌아갈 생각에 입가에 미소가 절로 번졌다.

암능으로 되어있는 거친 능선을 넘으니 또 다른 능선이 눈앞에 나타났다. 진달래꽃은 등산로 옆에 무수히 피어나 있었다. 400m가 조금 넘는 산이지만 만만히 볼 산이 아니었다. 기암괴석이 많아 눈이 즐겁고 암벽능선이 많아 줄을 타는 것이 결코 수월하지는 않았지만 하나의 능선을 넘으면 발아래의 푸른 들녘과 강진 만에서 불어오는 시원한 바람이 산행의 묘미를 더욱 감미롭게 했다.

오후 1시 10분,

일행들과 앞서거니 뒤서거니 몇 개의 능선을 넘어 주작산 정상이 보이는 억새 숲에 삼삼오오 자리를 펴고 점심을 먹었다. 능선을 따라 줄줄이 늘어선 산객들을 보며 오래 앉아 담소를 즐길 여유가 없었다. 점심을 먹자마자 길을 재촉했다. 암벽능선이 있는 곳에는 줄줄이 늘어선 등산객들로 인해 발걸음을 늦추어야만 했다.

2시 20분,

오소재 - 작전소령 - 주작산 삼거리 도착.

암벽을 타고 넘으며 더딘 발걸음을 옮겨 작천 소령과 주작산으로 가는 삼거리에 도착했다. 우리를 앞서가던 일행들은 수양관광농원으로 내려가고 나와 G총무 나머지 열 명 남짓 일행들은 주작산 정상으로 향했다.

4시 15분,

주작산(429,5m) 정상 도착.

2시간여를 암봉과 능선을 타고 넘은 끝에 주작산 정상에 도착했다. 남쪽 저 멀리 옅은 구름너머로 희미하게 남해바다가 보였다. 북쪽으로 덕룡산이 자리 잡고 있었다. 뒤를 돌아보니 암벽을 타고 오르는 사람들이 줄줄이 바위 끝에 서 있었다.

길게 늘어선 등산객들 때문에 사진 한 장 제대로 담지 못하고 아름다운 풍광을 제대로 감상할 수는 없었지만 하늘 높이 솟구친 날카로운 기암괴석들 사이로 진달래 만발한 주작산은 절경 그 자체이었다.

5시 10분,

북동쪽 능선을 따라 산 아래 동양제 못이 있는 주차장에 도착하니 앞서 내려온 일행들은 우리들이 타고 온 버스 옆에서 자리를 잡고 산악회에서 준비한 안주에 하산주를 들며 오늘 하루 길고도 짧은 여정을 이야기하고 있었다.

산 아래에서 올려다본 주작산은 설악산 용화장성을 갖다 놓은 형상을 하고 있었다. 신이 주신 아름다운 이 자연을 마음껏 보고 누릴 수 있다는 것에 감사했다.

6시 5분,

주작산을 떠나옴.

9시,

진주 도착.

다시 회귀한 어두운 도시엔 간간이 내리던 빗방울은 그쳐 있었다. 버스가 서는 중간에 내려 술 한잔 더 하고 가자는 일행의 붙잡는 손을 뿌리치고 집으로 돌아오는 발걸음 위로 바람에 흩날려 떨어진 하얀 벚꽃들이 길 위를 맴돈다.

따뜻한 정(情)을 두고 온 곳에 나를 기다리는 초롱 한 눈망울을 떠올리며 발걸음을 재촉했다.

전남 남원 봉화산

산행을 다녀온 지 일주일이 채 되지 않아 주작산 진달래꽃 화원이 눈앞에 어른거려 컴퓨터 앞에 앉아 원고작업을 제대로 할 수가 없었다. 친구에게 전화를 걸어 철쭉꽃 산행을 가자고 하였더니 친구는 두 말도 하지 않고 흔쾌히 대답을 했다. 아침을 느긋하게 먹고 배낭을 꾸려 단 둘이 남원으로 향했다.

차가 산행들머리인 복성이재에 도착하니 복성이재(550m), 중치 12km, 사치재 7.2km의 이정표와 수많은 산악회 리본이 등산객들을 반갑게 맞이한다. 산행을 시작하자 비탈길 언덕의 소나무 군락지가 나타나면서 이곳이 마치 소나무 천국인 양 착각을 하게 만든다.

산길은 봄 날씨 같이 않게 서늘하고 시원한 바람까지 불어온다. 기분이 상쾌하기 그지없다. 길옆 줄을 이어 피어난 철쭉꽃이 반갑게 그 모습을 보이며 방긋이 웃는다. 저 아래 흥부마을이 넉넉한 가슴을 드러내고 보산

길을 20여 분 올라가니 철쭉터널이 시작되었다. 첫 번째 철쭉군락지가 나타나면서 앞으로 나타날 천국의 화원이 서막을 알리기라도 하듯 붉은 꽃들은 아름다운 자태를 뽐내기 시작한다.

첫 번째 철쭉군락지를 지나 마루금에 올라서니 이곳이 천국의 화원인 양 사람의 마음을 송두리째 앗아가 버릴 정도로 수만 평의 꽃대궐이 눈앞에 전개되어 감탄사가 터져 나온다. 마치 봄 소풍을 나온 어린아이인 양 마냥 즐거워진다.

천상의 화원 속 철쭉군락지가 있는 이곳은 해발 660m인 치재로 꽃 터널을 만들어 우리들을 꽃 속에 파묻히게 하고 환상의 나래를 펴게 만들어 세상에 모든 상념을 일시에 사라져 버리게 한다.

잠깐이라도 머물고 싶은 아쉬움을 뒤로 한 채 떨어지지 않은 발길을 봉화산으로 돌렸다. 철쭉동산 아래 많은 승용차들이 북새통을 이루고 있는 '봉화산 휴게소'가 한눈에 들어오고 치재의 철쭉동산은 마치 천상의 화원인 양 그 아름다운 자태를 더욱 더 뽐내며 잘 가라는 미소를 보낸다.

산길은 내리막과 오르막이 이어지며 만개하지 않은 철쭉터널이 다시 나타났다. 길은 어제 내린 비에 먼지가 나지 않아 기분이 상쾌했다. 물기를 머금은 길이 미끄러워 조심스럽게 한 발 한 발 내딛으며 능선을 넘어갔다.

마루금에 올라서니 다시 내리막길이 이어지다가 평탄한 길을 나오다 다시 오르막으로 이어지면서 철쭉터널로 이어지고 잠시 비탈길이 이어지면서 연핑크색 철쭉이 자주 눈에 띄기 시작한다. 산길에는 가끔씩 멋스런 노송이 잠시 발길을 붙잡는다.

가파른 능선을 힘겹게 올라서니 하산 중인 등산객이, "한숨만 고르면 정상입니다" 위로의 말을 건넨다. 발걸음이 한층 가벼워진다. 잠시 평탄한 길이 이어지다 돌계단이 나타나고 계단 끝에 올라서자 넓은 억새평원이 펼쳐지면서 양지꽃 무리가 아름다운 정원을 만들어 힘들게 올라온 우리들을 위로해준다.

산행을 시작한 지 2시간 10분 만에 봉화산(920m) 정상에 도착했다.

사람의 키만한 거대한 표석이 반겨준다. 전북 남원시와 장수군 그리고 경남 함양군의 경계에 솟은 봉화산은 여느 산과 마찬가지로 옛날 봉화대가 있던 곳인데 봉화대는 없어지고 이름만 남았다. 정상은 봉화를 올리던 곳이라 사방팔방으로 조망이 탁 트여 시원하다.

동남쪽의 지능선의 헬기 발착장 그 뒤로는 지리산의 연봉이 희미하게 조망되고, 지나온 철쭉군락지의 우측으로는 장수 팔공산이 우뚝하다. 북쪽으로는 백두대간이 뻗어 있는 가운데 장안산과 백운산이 산머리를 내밀고 있다.

봉화산(920m)

전라북도 남원시 아영면 성리에 있는 산이다.

산행코스, 복성이재 - 치재 - 꼬부랑재 - 다리재 - 봉화산 - 광대치 - 월경산 - 중치-지지리 거리 12,5km 약 5시간 30분 소요.

봉화산 정상에 서면 사방으로 막힘없는 조망이 전개된다. 북으로는 전북 무진장 장수군의 깊은 산골 지지계곡 골짜기 좌우로 장수의 진산 장안산(해발 1,237m)과 무령고개, 그리고 경남 함양과의 경계인 백두대간 백운산(해발 1,279m)의 웅장한 산줄기가 눈앞에 떡하니 버티고 서있다.

남쪽으로 아영면 고원지대 들판 너머로 천왕봉(해발 1,915m)을 비롯, 반야봉과 바래봉까지 이어지는 명산 지리산의 장쾌한 산맥이 우뚝 솟아있다.

동으로는 함양과 거창에까지 이르는 경상도 산하의 풍광이, 서쪽 아래로는 그림 같은 진경산수 장수군 번암면 일대의 산골마을 풍경과 그 뒤로 뾰족하게 솟아 오른 만행산(해발 910m) 등, 겹겹이 이어진 전라도 땅의 첩첩산중이 펼쳐진다.

봉화산 철쭉은 선연한 붉은 빛을 띤다.

이곳 사람들은 봉화산 철쭉이 오히려 남원 운봉의 유명한 바래봉 철쭉이나 또는 심지어 지리산 세석고원의 철쭉보다도 더 곱고 화사하다고들 말한다.

철쭉군락이 규모는 그리 크지 않지만, 흐드러지게 피어난 봉화산 철쭉은 지리산이나 바래봉 철쭉도 시샘을 낼만한 명물임에는 틀림이 없다.

철쭉군락은 남원시 아영면과 장수군 번암면을 가로지르는 일명, 치재(현지 주민들은 '짓재'라 한다)에서 백두대간 동쪽 능선을 타고 올라가 첫 번째 봉우리에서부터 약 500m 구간에 걸쳐 등산로와 등산로 좌우 산비탈을 비집고 광활하게 펼쳐져 있다.

이 구간은 말 그대로 철쭉 밭이다. 사방팔방을 둘러보아도 철쭉밖에는 보이는 것이 없다. 등산로 좌우로 휘영청 불거진 철쭉나무들로 인해 산길이 철쭉터널로 되어 있는 곳도 있다.

민들레 꽃·1

사랑은
아름다운 고통

꽃잎 속에 맺히고

그리움은
따뜻한 희망

바람 따라
흩날리네

전남 보성 초암산

5월로 접어드니 대지는 온통 푸른 물결이고 온갖 꽃들이 산과 들에 수를 놓았다. 자연의 아름다움에 대한 극치를 맛볼 수 있는 5월이 더없이 좋다.

만복산 산행을 갔다 온 지 어느새 한 달이 훌쩍 지나고 정기산행 날짜가 성큼 다가왔다. 며칠을 산에 갈 날을 고대하면서 울긋불긋 온갖 꽃들이 만발한 산 능선이 눈앞에 아른거려 원고 작업이 더디기만 했다.

중부지방에 비 예보가 있었지만 하늘이 많이 흐렸다. 우비를 챙겨갈까 망설이다 집을 나섰다.

오늘 가는 산은 전남 보성에 위치한 초암산(576.3m)이다.

초암산의 과거 이름은 금화산(金華山)이었으며, 산중턱에 약 3백 평 정도의 평지가 있는데 금화사의 옛터이다.

녹차로 유명한 보성군은 철쭉명소이기도 하다. 제암산 철쭉으로 잘 알

려진 보성이 일림산에 이어 초암산 철쭉이 알려지기 시작하였다. 2000년부터 개발된 일림산 철쭉은 100여 만 평 이상이 된다고 하여 전국 최대의 철쭉군락지를 자랑한다.

철쭉명산으로 알려진 것은 제암산, 일림산, 초암산 순이고, 철쭉군락지는 일림산, 제암산, 초암산 순이다. 초암산은 2007년부터 일림산, 초암산 철쭉제 개최 후 많이 알려졌지만 아직은 등산객들이 많이 찾지 않는 한적한 코스이며 비교적 등산로가 완만한 전형적인 흙산(육산) 코스이다.

초암산 철쭉은 정상 부근부터 철쭉봉 주변까지 약2.5km 거리의 능선이 철쭉군락지이다. 철쭉 만개 시기는 4월에서 5월초이다.

오전 8시 03분,

진주 출발.

오늘 산행에도 예약한 일일회원 몇 사람이 나오지 않았다. 다행히 빈 좌석은 없었지만 예약을 해 놓고 아무 연락도 없이 나타나지 않는 사람들 덕분에 국장 G씨의 휴대전화가 불이 난다.

산악회 회원 P씨와 오랜만에 나란히 앉아 지난 회포를 푼다. 만담가 못지않은 P씨 특유의 입담에 연신 웃음보가 터졌다.

8시 55분,

섬진강 휴게소 도착.

휴게소에는 주차할 공간이 없을 정도로 꽃구경 나온 사람들로 많이 혼잡했다. P씨가 커피를 대접한다며 내 손을 잡고 매점으로 이끈다. 앞서 차에서 내린 국장 G씨를 불러 함께 매점으로 갔다. 원두커피 한 잔에 2,500원이다. 커피 값도 참 많이 올랐다.

10시 03분,

수남리 주차장 도착.

수남리 두물머리에 도착하니 전국에서 몰려든 등산객과 차들로 몹시 붐볐다. 우리 일행은 버스에서 내려 주차장을 배경으로 기념사진을 찍고 산을 오르기 시작했다.

오늘 산행은 원점 회귀산 행코스로 수남 주차장 들머리에서,

초암산(576.3m) – 밤골재 삼거리 – 철쭉봉(604.6m) – 광대코재 – 무남이재 삼거리 우측방향으로(주월산으로 가지 않고) 임도를 따라 수남 주차장으로 돌아오는 거리 10.7km. 4시간 30분 소요이다.

산의 초입부터 가파른 오르막이 시작되었다. 날씨는 잔뜩 흐리고 바람 한 점 없는 무더운 기온에 얼마가지 않아 이마에 땀이 송골송골 맺혔다.

산은 많은 등산객들로 인해 발걸음이 많이 더뎠다.

육산인 까닭에 등산객들의 발길에 먼지가 뿌옇게 일었다. 산을 오른 지 얼마 되지 않아 굵은 빗방울이 후드득 떨어졌다. 뒤에 따라오는 P씨를 기다려 비가 계속 올 것 같은데 산을 내려가야 될 것인가를 물었다. P씨는 특유의 입담으로,

"이건 비가 아니고 땅 먼지가 나지 말라고 내가 흘리는 땀방울입니다."

하고 앞서 갔다. 얼마가지 않아 비는 거짓말처럼 먼지만 가라앉히고 그쳤다.

지도에 초암산 중간 쯤 전망대 표시가 되어 있는 것을 보고 전망대의 멋진 풍광을 기대했지만 바위만 우뚝한 전망대의 주위 조망은 그리 좋지 않았다.

11시 15분,

초암산 정상 도착.

초암산 정상 초입부터 붉은 철쭉이 산길을 따라 화려하게 수를 놓고 있었다. 길 왼쪽 초암산 정상 암능들이 우뚝하다. 정상으로 올라가는 길에도 등산객들로 인해 어깨를 비껴서야 만 했다.

산 정상 근처부터 북동쪽 능선을 따라 광활하게 펼쳐진 철쭉은 어디가 끝인지 가늠하기가 어려웠다. 가파르지 않는 경사에 눈높이보다 낮게 이어진 능선을 따라 한곳에 무리를 지어 있거나 좁고 길게 늘어서 있는 그런 평범한 꽃밭과 다른 뛰어난 구도를 가진 꽃밭이었다.

정상에 서자 불어오는 바람 속에 간간이 빗방울이 흩날린다. 점점 밀려드는 등산객들로 정상에 오래 머물 수가 없었다. 사진 몇 장을 찍고 정상을 내려와 철쭉봉으로 향했다.

여기서부터는 완만한 내리막길이다. 철쭉봉으로 가는 능선을 따라 끝없이 이어지는 철쭉 화원이 장관이다.

11시 28분,

밤골재 삼거리 도착.

종종 무남이재에서 올라오는 등산객들과 만난다. 힘든 산행에 수고한다는 인사를 건네면 어김없이 반가운 답이 돌아온다. 산을 닮은 사람들의 표정에는 어두운 그림자가 없다.

길옆 무수히 피어난 꽃에 차츰 무료해진다. 벤치를 몇 개 놓아둔 쉼터가 있는 밤골재 삼거리를 지나 철쭉봉으로 향했다.

11시 41분,

철쭉봉(604.6m) 도착.

안내도에 밤골재라고 표기 되어 있는 이곳이 재가 아닌 철쭉봉이다. 등산로 입구에 안내판에 '철쭉봉'이라고 표기한 그 봉우리이다. 철쭉봉에는 철쭉군락이 그리 많지 않았다. 푸른 능선위에 넉넉한 양으로 흩뿌려놓은 저 멀리 아련하게 붉은 꽃들이 일품이다.

철쭉봉 정상에 오르자 남쪽 능선을 따라 불어오는 시원한 바람에 속마저 후련해진다. 자연에서 부는 바람은 상쾌하다. 하늘은 아까보다 많이 맑아졌다.

철쭉봉 정상에서 30분을 내려와 무남이재로 가는 길옆 헬기 발착장에서 점심을 먹기로 했다. 우리보다 한발 앞서 도착한 회원들 자리를 잡고 점심을 먹고 있었다.

Y씨와 나도 일행들 옆자리에 앉아 어깨를 붙이고 함께 점심을 먹었다. 우리가 점심을 거의 다 먹어갈 때 쯤 친구인 G국장이 우리 있는 곳으로

왔다. 친구가 밥을 다 먹을 때까지 기다렸다 함께 자리에서 일어났다.

오후 12시 51분,

점심 후 출발.

헬기 발착장에서 산허리를 따라 공사 중인 임도(林道)가 내려다보였다. 우리 일행 열 명 남짓은 무남이재를 넘어서면 임도와 아스팔트로 되어 있는 길을 한 시간 정도 걷는 것 보다 산길을 걷는 것이 좋다고 생각해 무남이재를 눈앞에 두고 왔던 길을 회귀해서 초암산 정상아래 원수남삼거리에서 좌측으로 돌아 하산하기로 의견을 모아 왔던 길을 되돌아 산을 올랐다.

1시 15분,

원수남삼거리 도착.

오십여 분을 오르막을 오르자 다시 등에서 땀이 솟았다. 삼거리 길옆 후미에 뒤처져 늦게 정상에 도착한 일행들 여럿이 막 점심을 먹고 있었다. 일행들에게 우리가 가는 방향을 알려주고 삼거리에서 좌측으로 길을 잡았다.

샛길로 접어드니 사람 발길이 뜸한 길은 길 가장자리까지 풀이 무성하다. 꽃 하나 피어있지 않은 길은 계속 내리막이다. 앞서 간 일행들 뒤를 부지런히 따라갔지만 뒤에 처진 우리 일행 여섯은 갈림길에서 방향을 알 수 없어 자꾸 발걸음을 멈췄다.

G국장이 앞서 간 일행에게 전화를 걸어 묻는다. 국장은 우리 뒤에 따라오는 회원들을 위해 삼거리에서 남고 Y씨와 나는 길을 재촉해 내려왔다. 50여 분을 내려오니 수남리 주차장 조금 못 미쳐 공사 중인 임도가 나왔다.

2시 14분,

수남리 주차장 도착.

걸어온 길을 가만히 되돌아보니 숲은 온통 푸른 세상이다. 가파른 산을 오르는 그 순간에는 고행을 하는 수행자가 되어 마음을 비운다.

오직 자연만이 주인인 산, 사람은 잠시 머물렀다 가는 길손인 셈이다. 숨 가쁘게 올랐던 산이 말한다. 말할 때나 행동할 때나 넉넉해지라고.

2시56분,

보성 초암산을 떠나옴.

6시25분,

서 진주 도착.

G국장이 술 한잔하자고 붙들었다. 여럿이 호프집에 앉았다. 술 몇 잔에 취기가 올랐다. 점심 때 마신 반주와 하산주에 술기운이 빨리 돌았다.

함께 산을 다녀온 사람들의 얼굴에 활기가 넘친다. 산행 이야기로 시작한 이야기는 끝이 없다. 다음 산에서 만나자는 약속을 하고 집으로 오는 차를 탔다.

봄의 초대장

누구였을까
겨우내
얼어붙은 대지 위에
살짝 내민 작은 풀잎

살랑살랑
홀씨로 날아와
창가에 분홍빛 하트 모양
봄의 초대장 두고 간

톡톡
두근두근
콩닥 이는 마음
봄이 꿈틀거린다

전북 부안 내변산

아침 7시 35분,

전날 서울 모임에 갔다가 늦은 밤에 돌아와서 자리에 든 탓에 떠지지 않는 눈을 겨우 뜨고 일어나 까칠한 입속에 아내가 끓여온 누룽지를 몇 술 뜨고 집을 나섰다.

거의 한 달 만에 보는 반가운 얼굴들, 길에 서서 나누는 한 잔의 커피에 피어오르는 정(情)이 정겹기만 하다.

8시 30분,

휴일 아침에는 늦게 깨어나는 도시를 뒤로 하고 차는 변산반도를 향해 달렸다. 매연에 찌든 도시를 벗어나자 차창에 흐르는 풍경 모습은 새롭다. 언제 보아도 싫지 않은 평온한 농촌 풍경을 바라보며 그 속에 젖어보는 순간엔 조용한 설렘의 파문이 인다.

11시 05분,

차는 서해안고속도로를 따라 달리다 고창군 고인돌 휴게소에 잠시 쉬었

다. 산행(山行)을 나온 많은 사람들로 휴게소 마당은 붐볐다. 생수 한 병을 사서 배낭에 넣고 미지의 세계가 펼쳐질 그곳의 기대를 안고 다시 차에 올랐다.

산행코스, 남여치통제소 – 쌍선봉 – 월명암 – 선녀탕 – 직소폭포 – 재백이고개 – 관음봉삼거리 – 내소사 거리 약 9km. 5시간 소요.

오후 12시 10분,

차는 전북 부안 내변산 남여치통제소에 도착했다. 긴 거리를 달려온 것과 새벽잠을 제대로 못잔 탓에 몸은 피곤했지만 눈부신 하늘 위로 점점이 떠 있는 새털 같은 하얀 뭉게구름처럼 마음은 가벼웠다.

산의 초입부터 오르막이 시작됐다. 얼마 가지 않아 숨이 턱까지 차올랐다. 긴팔 티에 조끼까지 입고 있는 나를 보고 덥지 않느냐 반팔 티를 입은 남자 일행이 물었다. 생각의 차이점을 이야기해 주자 남자는 고개를 끄떡였다. 한 시간을 걸어 월명암에 도착했다.

암자 앞마당 작은 연못에 피어있는 연꽃을 들여다보며 잠시 때 묻은 마음을 들여다본다. 은은한 하늘빛 향기가 마음에 조금씩 스며드는 순간마다 순수하고 청아한 여인의 모습이 아른거리는 듯하다.

2시,

가파른 산 능선을 넘자 그리 크지 않은 연못이 눈앞에 펼쳐졌다. 선녀와 나무꾼 동화가 떠올랐다. 하늘에서 선녀가 내려와 목욕을 하기엔 너무 큰 연못이었다. 예전에 내가 태어났다면 술 한 잔에 사랑 시(詩) 한 수로 선녀를 유혹해 보았을 텐데. 하며 혼자 웃음을 지어본다.

깎아지른 절벽을 따라 침목으로 놓인 계단을 따라 모퉁이를 돌자 중년의 남자가 주저앉아 다리 통증을 호소하고 있었다. 일행으로 보이는 중년 남자 셋 가던 길을 멈추고 남자의 쥐가 난 다리를 주무르고 바늘로 피를 뽑고 한참을 애를 쓰자 남자는 자리를 털고 일어났다.

나는 그 광경을 지켜보다 우리 일행들을 그만 놓치고 말았다. 타 산악회 사람들 속에 섞여 한참을 걸어가니 직소폭포가 보였다. 높이 30m 가 되는 폭포는 눈물 한 방울 흘리지 않고 바짝 메마른 얼굴로 나에게 무언(無言)의 메시지를 보냈다.

폭포 아래에서 반가운 목소리가 들렸다. 산행 대장인 K 사장이 나를 불렀다. 그늘진 바위에서 식사를 하고 있는 우리 일행들을 만나 함께 늦은 점심을 먹었다.

4시 30분,

수림이 우거진 오솔길을 따라 걸으니 산새들의 청아한 밀어는 삭막한 회색빛 도시에 갇혀 있던 심신을 맑게 한다. 재백이 고개부터는 가파른 내리막길이 이어졌다. 오르막보다 내리막길이 더 힘이 들었다. 산에 오를 때 일행 중 한 분이, “최대한 발바닥을 땅에 가까이하며 걸어라”는 말처럼 하려 해도 자꾸 다리에 힘이 들어가 작은 돌부리에 발이 걸렸다.

저 멀리서 들려오는 염불소리에 걸음을 재촉하니 저만치 내소사* 절이 보였다. 바쁜 마음에 내소사 일주문 앞에서 합장 기도를 하고 발걸음을 옮겼다. 풍경소리 한번 듣지 못한 것이 못내 아쉬운 마음에 차가 산 아래로 내려오는 동안 내내 뒤를 자꾸만 돌아다보았다.

*내소사-백제 무왕 34년(633)에 혜구두타(惠丘頭陀)가 창건한 절로 처음에는 소래사(蘇來寺)라 하였다가 내소사로 바뀌었다.

경내에는 대웅보전(보물 제291호)과 설선당, 보종각, 부안군 벽산면의 실상사터에서 옮겨 세운 연래루가 있다. 특히 대웅전은 조선 인조 2년(1633)에 청민대사가 지은 건물로 건축양식이 정교한 단충과 보상화를 연속적으로 조각한 문을 눈여겨볼 만하다. 그 밖에도 고려시대에 제작된 동종(보물 제277호)과 3층 석탑(전라북도 유형문화재 제124호) 등이 남아있다.

6시 25분,

젓갈로 유명한 곰소 항에 들름.

차창에서 바라본 염전은 석양빛에 누런 황토색을 띠고 있었다. 난 한참 눈을 떼지 못한 채 차창 밖을 바라보았다.

차는 석양을 뒤로 한 채 빠르게 어둠 속을 향해 달렸다.

9시45분,

분주한 도시에 발을 들여놓다.

한 달 내내 이 삭막한 도시를 탈출할 꿈을 꾸었던 나는 하루도 채 못되어 다시 회색빛 도시로 회귀하고 말았다.

강원도 삼척 덕항산

세월은 참으로 빠르기만 하다.

어느새 유월이 가고 초록 무성한 날이 앞에 서나 했더니 소서가 지나갔다.

한 주일 내내 마른장마가 계속되다가 산행 날이 눈앞에 다가오자 토요일 저녁부터 비가 내리기 시작했다.

잠이 오지 않아 서재와 거실을 오가며 책장에 꽂아둔 책들을 정리하다 보니 어느새 새벽 다섯 시가 다 되어 있었다. 남부지방에 호우주의보가 내렸다는 기상예보에 근심 어린 마음을 안고 중앙시장 출발 장소에 도착하니 때 이른 시간임에도 불구하고 먼저 나온 운영진 분들은 산악 회원들이 먹을 간식과 음료수를 버스 짐칸에 옮겨 싣느라 쏟아지는 빗속에도 아랑곳 않고 분주한 모습들을 보이고 있었다.

오전 6시 15분,

많은 비가 내린다는 일기예보 때문인지 자리를 예약한 몇몇의 사람들은

나오지 않았다. 우리가 탄 버스는 출발 시간을 훌쩍 넘기고 떠나야 했다.

버스는 경부고속도로를 달렸다. 차 의자에 몸을 기댄 채 눈을 붙이고 있었지만 잠은 들지 못하고 물기 마른 눈은 자꾸만 시려왔다.

7시 33분,

현풍휴게소에 도착하자 우산을 받쳐 들고 매점에서 원두커피 한 잔을 사서 들고 차로 돌아와 간식으로 나눠준 떡과 함께 먹었다. 차 안 사람들은 평소와 달리 이야기 소리 없이 조용하기만 했다. 월드컵 준결승 방송을 보느라 새벽잠을 설친 사람들도 있었고 아예 나처럼 한숨도 못잔 사람도 있었다.

오후 12시,

차는 경주, 포항, 울진을 거쳐 약 6시간여를 달려 강원도 삼척 신기면 간이주차장에 도착했다. 우리 일행들은 수산물 매장 옆 빈자리를 빌려 모두 모여 앉아 점심을 먹었다. 식사를 마치고 차에 오르자 비는 점점 굵어져만 갔다.

1시 13분,

삼척 대이리 주차장에 도착하니 우중에도 전국에서 몰려든 관광버스들로 붐볐다. 우리 모두는 위험한 빗속 산행을 포기하고 환선굴 관람을 만장일치로 의견을 모아 관람에 나섰다.

일행 대부분 모노레일을 타고 동굴로 향하고 나와 일행 세 사람은 산길을 택했다. 초입부터 300m의 가파른 계단과 산길은 금세 턱까지 숨이 차오르게 했다. 30분을 산길을 오르니 환선굴이 보였다.

동굴 안으로 들어선 순간, 짙은 운무가 시야를 가린다. 깊이 들어갈수록 그 이유를 알게 되었다. 환선굴은 '지하 계곡'이란 말이 어울릴 정도로 사방 곳곳에서 바위를 타고 물이 흘러내렸다. 길을 안내하는 조명은 물안개로 흐리게 번져, 환선굴은 몽환적인 분위기를 자아내고 있었다.

넓고 높고 깊은 석회 동굴은 그 폭이 최대 100m까지 벌어지며 총 길이가 6.2㎞로 추정된다고 했다. 이 중 개방된 구간은 1.6㎞ 구간. 화암동굴처럼 아기자기한 맛은 없어도 규모로 보는 이를 압도한다. 그 규모엔 동굴의 시간이 빼곡히 각인돼 있다. 32개의 폭포, 사자상, 만물상, 미녀상, 삼라만상, 꿈의 궁전, 악마의 발톱 등은 인간의 상상력이 동굴의 몽환에 붙여준 이름이다.

가장 아찔한 구간은 지옥교와 참회의 다리, 여느 다리와 달리 밧줄로 만들어진 출렁다리다. 다리 아래로는 깊이를 알 수 없는 까마득한 낭떠러지, 절로 다리가 후들거리고 소름이 돋는다. 온몸을 서늘한 기운이 감싼다. 그 서늘한 기운으로 남은 길을 걷는다.

2시 47분,

한 시간여를 철계단을 오르내리며 동굴을 빠져나오자 일행 몇 분이 모노레일 승강장에 있었다. 잠깐의 망설임 끝에 일행들과 함께 모노레일을 타고 발아래를 보니 맑은 물이 흐르는 계곡과 설치바위와 촛대바위가 보였다. 40명이 정원인 모노레일은 지상에서 그리 높지 않은 8m 높이로 402m 구간에 7분이 걸렸다.

5시 09분,

삼척 원덕 길남리 해신당 공원 도착.

옛날 신남마을의 '애랑' 이라는 처녀가 해변에서 조금 떨어진 애 바위에서 해초를 캐다가 갑자기 거세진 풍랑으로 인하여 바다에 빠져 죽었는데, 그 뒤로 고기가 잡히지 않자 나무로 남근 모형을 깎아 처녀의 원혼을 달랬다. 이를 '애 바위' 전설이라 한다. 이후 해신당이 지어졌고, 지금도 음력 정월 대보름과 10월의 오일(午日)에 제사를 지내는 풍습이 전해진다.

2002년 7월 해신당을 중심으로 남근조각공원을 조성하여 해신당 공원을 열었다. 남근조각공원에는 남근조각경연대회를 통하여 제작된 작품 등 국내외 조각가들의 65점이 전시되어 있다. 2002년 10월 개관한 삼척어촌민속전시관은 첨단 IT기술을 접목한 대형 영상수족관, 동해안 어민의 생활문화 자료, 시뮬레이터를 이용한 배 체험 코너, 세계 각국의 성 민속 등을 전시하는 5개의 전시실과 전망대 등을 갖추고 있다.

남근을 머리에 떠받쳐 선
여자의 얼굴은 행복하다

붉은 입술사이
흐르는 빗물은
차갑기만 한데
탱탱하게 봉긋 솟은 젖무덤에 뜨거운 욕망이 흘러내린다

시간의 열정 돋는 여신(女身)은
거센 비바람에도 결코 흔들리지 않는다
뜨거운 태양이 쏟아져 내려도
모진 눈보라가 몰아쳐도
여자는 한곳에 서서
먼 수평선을 바라보며
작은 몸뚱이 하나로
온 하늘을 받쳐 들고
그것이 운명인 양
하늘을 믿는다
사랑을 믿는다

–「해신 여자」 전문

각양의 모습을 한 남근 조각상들을 구경하고 공원을 빠져 나오니 저만치 B 고문이 나를 불러 세운다. 길옆 식당에 앉아 꽁치와 청어 구이 안주에 소주 몇 잔을 연신 들이키자 점심 때 반주로 마셨던 술까지 올라 잔뜩 얼굴이 붉어졌다.

뒤이어 도착한 일행들에게 자리를 양보하고 차로 향하는 발걸음을 이번에는 S 회장이 붙잡았다.

"벌떡주 한잔 주소!"

넷이서 전통주인 뻘떡주 두 병을 비우고 버스로 돌아오니 일행들 모두 우릴 기다리고 있었다. 나는 차가 출발하자 세상모르고 잠에 골아 떨어졌다.

10시 40분,

현풍휴게소 도착.

11시 59분,

자정이 다 되어 진주에 도착하니 비는 그쳐 있었다. 길 위에 쉼 없이 흘러가는 시간 속에 꿈같은 하루가 지나가고 어둠과 빛이 싸우고 있는 동안에도 새날이 오고 있었다.

도시의 어둠을 갉아 먹고 있는 검은 아스팔트는 빠르게 지나가는 차들의 불빛 속에 환한 환영을 보여줬다 다시 어둠을 끌어 덮는다.

경북 문경 월악산

오전 7시 30분,

집밖 세상의 일들을 뒤로 한 채 두문불출하며 글에만 매달려 지내다 오랜만에 배낭을 메고 집을 나서니 하늘은 푸르고 선선한 가을 아침 공기는 상쾌함을 더해 준다. 오후부터 기온이 내려간다는 기상예보에 가을 윗옷을 입고 나선 길은 발걸음도 가볍기만 하다.

시내버스를 타고 출발 장소에 다다르니 전화가 온다. 반가운 목소리, 차 앞에서 나를 마중하는 반가운 얼굴들, 두 달 만이다. 따뜻한 손을 내밀어 나누는 정겨운 인사는 얼굴 가득 미소가 번지게 한다.

8시 10분,

차 안은 통로까지 사람들로 여지없이 들어찼다. 늦게 달려온 일행 한 사람 때문에 차는 10분 늦게 출발을 했다.

한산한 시내를 빠져 나오자 높고 푸르른 하늘 아래 누렇게 익은 들녘이 옛 정취를 낳게 하고 산 아래 간간이 붉게 물들어 있는 붉나무는 간

만의 산행에 마음마저 들뜨게 했다.

9시 12분,

진주 중학교 앞에서 출발한 버스는 구마 고속도로를 달려 현풍휴게소에 도착했다. 구름처럼 많은 사람들은 휴게소 마당을 오고 떠나가고 있었다. 커피 생각에 차에서 내려 매점으로 향하는 도중 반가운 얼굴이 보였다. 가게 일을 아내에게 맡겨 두고 몇 달 만에 밖으로 나왔다는 K의 모습은 여전했다. 커피 한잔을 나누고 우린 다음을 기약하며 서로의 차에 올랐다.

10시 55분, 안동휴게소 도착.

현풍휴게소와는 달리 안동휴게소는 한산했다. 몇몇 남자들이 차가 휴게소에 닿자마자 내려서 담배를 입에 문다. 맑은 공기 좋은 풍광을 보러가면서 건강에 나쁜 담배를 피우는지 이해가 되지 않았다.

10분여를 머문 버스는 문경으로 갈 길을 재촉했다.

월악산은 소백산의 중심부로 예로부터 역사적 지리적 문화적으로 중요한 중원문화권의 핵심적 위치를 점해 왔으며 지금까지 알려지지 않은 배경과 문화재들이 곳곳에 묻혀 있는 산이다.

월악산에는 제원 송계리리망개나무(천연기념물 제337호), 환경부지정 멸종위기 야생식물 1급인 솔나리와 용제비 등을 포함하여 총 1,200분류균이 있다. 포유류는 16종이 있으며 멸종위기 1급인 수달과 산양. 하늘다람쥐와 삵이 서식하고 있다.

산행코스는, 얼음골매표소 - 제비봉(710m) - 박선이골 - 오성암 - 제비봉매표소 약 3시간 30분 소요이다.

오후 12시 1분,

우리를 태운 버스는 약 네 시간을 달려 단양군 월악산 기슭에 있는 어름골 식당 주차장에 도착했다. 우리 일행들은 어름골과 암능 코스를 두고 노송 군락지가 있는 코스를 따라 산에 올랐다.

12시 55분,

가파른 산을 한참을 오르자 소나무 군락지가 눈앞에 펼쳐졌다. 수령이 오래된 소나무들이 들어선 산길은 포근함마저 느껴져 옛날 연애시절 애인과 함께 걸었던 고향 공원길을 연상케 했다. 간간이 노송 사이로 보이는 충주호수는 뜨거운 햇살 아래 시원함을 가져다 주었다.

바위 틈 사이사이로 웃자라지 못한 기형 송들이 간간이 나 있었다. 암능을 지나 20분을 걸으니 저만치 바위가 완만하게 펼쳐진 모습을 한 제비봉이 보였다.

1시 30분,

제비봉(710m) 도착.

발아래 충주호가 보이고 호수 위를 떠가는 유람선에는 한가득 탄 사람들의 즐거운 모습들이 눈앞에 보이는 듯하고 아직 단풍에 물들지 않은 나무들은 푸름만 더하고 있었지만 붉게 물들은 단풍을 보지 못한 아쉬운 마음보다 찌들었던 마음의 거울을 닦아 내듯 마음은 한없이 맑아지고 있었다.

2시,

제비봉에서 한참을 걸어 내려와 호수 건너편의 두향의 묘가 바라보이는 전망대 오르는 계단 아래에서 열 명 남짓 우리들은 자리를 깔고 늦은 점심을 먹었다.

2시 32분,

점심 후 출발.

2시 50분,

앞이 탁 트인 전망대에 도착하니 주위에 그림 같은 풍경이 펼쳐졌다. 마치 평풍을 둘러친 듯, 기암괴석으로 이루어진 절벽과 봉우리들은 연신 감탄사를 자아내게 했다.

단양팔경중의 하나인 월악산에서 본 충주호수와 구담봉 옥순봉은 한 폭의 수채화처럼 아름다운 모습들을 하고 있었다.

3시 35분,

암벽으로 된 낭떠러지마다 잘 놓인 침목 계단을 따라 호수 위를 오고 가는 유람선들을 바라보며 내려오니 넓은 제비봉 매표소 옆 주차장에는 많은 관광차들이 모여 있었다.

유람선을 타고 단양팔경을 다 구경하지 못한 아쉬움을 남기고 차에 올랐다.

5시 40분,

우리가 탄 차는 아쉬운 여운과 또 하나의 추억을 안은 채 갔던 길을 빠르게 되돌아오고 있었다.

안동휴게소 도착.

갈 때와 달리 많은 차들이 오고갔다. 일행 여섯과 벤치에 앉아 커피를 마시고 차에 올랐다.

7시 55분,

현풍휴게소 도착.

9시 45분,

진주 도착.

눈부신 한낮의 아름다움과 농익어가는 계절의 아름다움을 끌어안은 가을은 소리 없이 깊어만 가고 어둠을 좇아 도시로 회귀한 차는 휘황한 도시의 거리에 나를 부려놓고 떠나간다. 나는 빨간 불 켜진 건널목에 선 채로 짧기만 한 하루를 추억한다.

가을은

한여름
뜨겁게 타 오르던
정사 끝내고
온몸 내리던 비 식히듯
소슬 바람 불고
황홀한 로맨스
사랑의 증표

충북 계룡산

지난 10월, 설악산 산행을 못간 아쉬운 마음에 이번 산행에는 꼭 참석해야지 하며 둘째 주 일요일이 오기를 고대했다. 늦은 새벽까지 원고 작업을 하다가 오지 않는 잠을 청해 이리저리 뒤척이다 겨우 잠에 들었다. 아이가 깨우는 소리를 몇 번이나 듣고 난 후 겨우 자리에서 일어났지만 눈이 제대로 떠지지가 않았다. 비몽사몽에 찬물에 세수를 하고 집사람이 새벽잠을 설치며 정성스레 싸준 김밥 도시락을 챙겨 집을 나섰다.

새로운 산으로 찾아가는 기대로 부풀은 마음으로 길 위로 나서니 안개 자욱한 남강(南江)은 깊은 고요 속에 빠진 채 말없이 흐른다. 은행나무 가지에 걸린 늦은 가을이 뭉클하다. 온통 진한 가을 색으로 갈아입은 노란 은행잎들은 사랑에 빠져 아름다운 모습으로 님 마중 나와 노란 손을 바람에 흔든다. 길 위로 줄지어 달려가는 차들의 행렬도 없는 휴일의 도시 아침은 고요하기만 하다.

오전 7시 41분,

산행 출발 장소에 도착하자 정겨운 얼굴들이 보인다. 손을 내밀어 인사를 하고 지정된 좌석에 배낭을 내려놓고 버스 앞에 서 있으니 반가운 얼굴들이 저 만치서 다가오며 손을 흔든다. 그동안의 안부를 묻는 얼굴에 미소가 번진다. 오랜만에 산행을 나온 사람들과 나누는 인사가 길다.

8시 5분,

예약한 몇몇의 사람들이 나오지 않았지만 좌석은 꽉 찼다. 버스 복도에 줄줄이 플라스틱 간이의자에 앉아 서로에게 인사를 보내는 사람들이 정겹다. 오지 않는 사람들을 무작정 기다릴 수 없어 하루의 바쁜 일정에 버스는 출발했다.

우리를 태운 버스는 구름 낮게 깔린 대전 고속도로를 달렸다. 가을걷이가 끝난 들판에는 둥근 모양으로 하얗게 말아 놓은 건초더미들만 덩그렇게 빈 들판을 지키고 있었다. 산 아래까지 내려온 붉게 물든 단풍은 깊어

가는 가을을 못내 아쉬워하며 바람에 잎새를 하나씩 떨어뜨리며 이별을 고한다.

10시 40분,

계룡산 동학사 주차장 도착.

오늘 산행코스는 동학사주차장 – 남매탑 – 삼불봉 – 관음봉 – 문필봉 – 갑사주차장까지 약 10,2km, 6시간이 걸리는 거리이다.

계룡산은 높이 845m, 주봉인 천황봉을 비롯해 연천봉, 삼불봉, 관음봉, 형제봉 등 20여 개의 봉우리로 이루어졌으며, 전체 능선의 모양이 마치 닭 벼슬을 쓴 용의 형상을 닮았다 하여 계룡산이라고 불린다.

계룡산 각 봉우리 사이에는 7개의 계곡과 3개의 폭포가 있어 운치를 더해주며, 자연경관이 빼어나 1968년 12월 31일 국립공원으로 지정되었다. 특히 계룡팔경은 대표적인 관광명소인데 제1경은 천황봉의 일출, 제2경은 삼불봉의 설화(雪花), 제3경은 연천봉의 낙조(落照), 제4경은 관음봉의 한운(閑雲), 제5경은 동학사 계곡의 숲, 제6경은 갑사 계곡의 단풍, 제7경은 은선 폭포, 제8경은 오누이탑의 명월(明月)을 가리킨다.

우리 일행은 계룡산 사무소 우측 길을 따라 산행을 시작했다. 산 아래까지 내려온 단풍은 산으로 점점 다가가자 발아래 낙엽만 무성하다. 가을 단풍을 놓쳐 버린 마음이 아쉬움으로 가득 차오른다. 앙상한 가지 사이로 흐린 하늘이 무거워 보인다.

가파른 비알길이 계속 이어졌다. 산길은 사람의 손길의 흔적이 고스란히 담긴 화강석 계단과 넓적한 돌로 놓인 너덜지대이다. 한참을 오르다보니 이마에서 땀이 흘렀다. 상의를 벗어 배낭에 넣고 발걸음을 재촉했다.

한 달에 한 번 시간을 내어 산을 오르는 나로서는 처음 한 시간이 고역이다. 삼 년을 산에 다녔지만 아직도 산을 잘 타지 못하기 때문이다. 앞만 보고 가는 나를 보고 일행들은 이제 산을 곧잘 탄다고 말들을 한다. 내가 온 힘을 다해 산에 오르는 것을 알 턱이 없는 게다.

30분여를 가파른 산길을 오르니 작은 배재로 가는 길이 나왔다. 내 뒤에 처져 있는 P씨를 선 채로 기다렸다. P씨는 배낭을 진 채로 낙엽 무성한 곳에 비스듬히 자리를 잡고 쉰다. 뒤에 한 무리의 일행들이 내가 서 있는 곳까지 와서 서로에게 물을 권하며 목을 축인다. P씨를 재촉해 눈앞에 잡힐 듯 보이는 가파른 능선을 향해 다시 무거운 발걸음을 옮긴다.

결코 호락호락 하지 않는 산은 그저 묵묵히 오를 수밖에 없다.

가파른 길과 계단을 10여 분을 오르자 능선의 고갯마루에 오를 수 있었다. 산 아래에서 불어오는 찬바람을 맞으니 정신이 번쩍 든다. 하늘 아래 끝없이 이어진 능선들이 장관이다.

11시 55분,

산허리를 감아 도는 부드러운 능선을 따라 큰 배재에 도착했다. 신선봉, 큰골삼거리, 남매탑으로 가는 사거리에서 우리 일행은 남매탑으로 향했다. 남매탑으로 가는 길은 급경사에다 수직으로 놓인 철계단, 암능으로 된 바위 길이다. 추락 방지 난간이 여러 곳곳에 설치되어 있었다. 발걸음이 조심스럽다.

오후 12시 1분,

남매탑 도착.

오누이탑 주변이 제법 넓다. 상신리와 박정자, 상가, 세 곳의 들머리 산행길이 이곳에서 만나기 때문에 오고가는 등산객으로 붐볐다. 오누이 탑을 배경으로 삼아 사진을 찍고 삼불봉으로 향했다.

오후 12시 24분,

삼불봉 정상 도착.

삼불봉(77.5m) 정상에서 10분을 내려와 등산로 옆 일행 일곱이 자리를 잡았다. 각자 싸온 반찬에 산악회에서 나눠준 주먹밥을 먹었다. 각자 싸온 반찬을 펼쳐놓으니 여느 한식뷔페 부럽지 않다.

내 김밥이 유난히 눈에 들어온다. 아내가 김밥을 넉넉하게 싸 줬지만 사람들 입으로 하나둘씩 가져가는 바람에 내 몫이 적다.

우리는 점심을 먹고 금잔디고개, 용문폭포, 갑사로 이어지는 길로 갈 것인지 고민하다 처음 계획 했던 대로 갑사계곡으로 산행을 계속했다.

1시 10분,

점심 후 출발.

점심을 먹고 나니 기를 쓰며 산을 올라온 등에서 땀이 식으면서 몸이 오슬오슬 떨렸다. 배낭에서 재킷을 꺼내 입고 앞선 일행들 뒤를 좇았다. 관음봉 가는 길은 암능으로 된 급경사 내리막길이다. 철재 난간을 부여잡는 손에 힘이 잔뜩 들어간다.

갑사에서 올라오는 사람들을 드물게 만난다. 갑사에서 남매탑까지 3시간 거리의 급경사가 부담이 되는 탓에 갑사에서 금잔디고개, 오누이탑 까지 비교적 수월한 등산로를 택한 때문인 것 같다.

발아래 끝없이 자연성능이 펼쳐진 저 멀리 옅은 안개 속 관음봉이 하늘 아래 희미하게 떠 있다. 수직에 가까운 철계단 위에서 앞서 내려가는 일행들을 불러 세운다. 미소를 짓지 않으면 사진을 못나게 찍을 거라는 협박을 해서 일행들을 웃게 만들었다.

천 길 낭떠러지 위에 철계단을 만들고 놓았을 사람들의 수고를 생각하며 조심스럽게 발을 내딛는다.

2시 26분,

관음봉 도착.

계룡4경 중 하나인 관음봉에 도착하니 아이의 손을 잡고 온 가족들과 간편한 옷차림으로 산을 올라온 사람들이 많았다. 가파른 산을 어떻게 올라왔는지 그 노력들이 대단해 보였다. 관음봉 정상에서 왼쪽으로 쌀개봉, 천황봉이 손에 닿을 듯 우뚝하다.

파노라마처럼 펼쳐진 능선은 대지와 하늘의 경계를 알 수 없게 한다. 장중한 풍광에 절로 탄성이 나왔다.

가슴속 억누르던 무거운 짐들을 하나둘씩 불어오는 바람에 날려 보낸다. 몸은 어느새 새털처럼 가볍다. 자연성능이 끝없이 펼쳐진 발아래 문필봉이 지척이다.

2시 55분,

문필봉 도착.

나무계단과 오솔길 너덜지대를 지나면서 걷는 산길은 무척 힘이 들었다. 아름다운 풍경을 감상할 겨를도 없이 가파른 산길을 헤쳐 나가야 했다. 바위틈으로 기어오르고 철재사다리를 올라야 했다. 잠깐씩 돌아보는 끝없이 이어진 능선에 감탄을 했고 분재같이 휘어져 바위틈에서 자란 소나무에 작은 정원에 들어와 있는 착각에 빠져들기도 했다. 결코 방심할 수 없는 갑사계곡을 따라 내려오는 동안 잠시도 긴장을 늦출 수가 없었다.

3시 28분,

연천폭포, 갑사 가는 길 삼거리 도착.

갑사에 들러 사진을 몇 장 찍고 서둘러 일행들 뒤를 좇았지만 일행들은 보이지 않았다. 갑사 경내에 절정을 이루고 있는 붉은 단풍에 취해 있는 동안 잠깐의 시간이 서쪽으로 기우는 해처럼 빨랐나보다. 이제 하산지점에 다다랐다는 안심된 마음에 주변을 둘러보며 천천히 발걸음을 옮겼다.

3시 40분,

갑사 매표소 도착.

갑사 매표소에 도착하니 기념품 가게와 식당가가 몰려 있었다. 먼저 산을 내려온 일행들이 미리 예약해 놓은 식당에서 자리를 잡고 고생 많았다며 반긴다. 산나물 비빔밥에 시원한 맥주 한잔에 무척이나 힘들었던 산행은 금세 씻은 듯 사라지고 이야기꽃을 피우는 사람들의 얼굴마다 가득 웃음꽃이 핀다.

후미로 도착한 일행들에게 자리를 내어 주고 식당가 뒤 고즈넉한 길을 따라 버스주차장까지 혼자 걸으며 짧은 하루의 아름다운 기억들을 되살린다. 또 며칠 동안 다리몸살을 앓겠지만 한껏 가벼워질 몸과 마음을 생각하니 입가엔 기분 좋은 미소가 번진다.

5시 35분,

계룡산을 떠나옴.

하늘 아래 우뚝한 산이 나에게 손짓한다. 삭막한 도시 안에서 육신과 영혼이 지치면 언제든지 배낭 하나 메고 오라고.

8시,

서 진주 도착.

삭막한 도시로 돌아오는 시간은 두 시간 반이 채 걸리지 않았다. 같은 산을 다녀왔다는 이유 하나만으로 우리는 많은 정(情)을 나누었다. 버스에서 내리는 사람들에게 다음 산행을 기약하며 아쉬운 손을 흔든다.

인생

인생은
태양처럼 찬란하게 떠올랐다가
황혼녘에 지는 것이 아니라
설익은 채로 이 세상에 나와
차츰 성숙해 가는
술처럼 점점 익어 가는 것이다

전남 영암 월출산

가을바람이 많이 차다. 며칠사이 기온이 많이 내려갔다. 아침저녁으로 서늘한 날씨에 몸은 저절로 긴 옷을 찾게 했다. 옷장을 열어보니 여름옷 일색이다. 늘 바깥 일로 바쁜 집사람을 대신해 여름옷들을 정리하고 옷방 행거에 걸어 두었던 가을옷들을 옷장에 내다걸었다.

가을등산복을 하나둘씩 꺼내 이것저것 입어보고 산행에 필요한 것들을 하나씩 챙기다보니 그 수가 한두 가지가 아니다. 구급약통, 물통, 스프레이파스, 바람막이점퍼, 여벌 속옷, 양말, 수건, 스카프, 화장지, 물티슈, 카메라, 여분의 선글라스, 메모할 필기구와 지갑과 손전화를 넣을 어깨에 멜 작은 가방, 스틱, 등 모두를 배낭에 챙겨 놓고 컴퓨터 앞에 앉아 원고를 정리하는 사이 어느새 밤은 많이 깊어있었다.

평소 아침 6시면 일어나는 아들에게 저녁밥을 먹는 자리에서 부탁을 하고 새벽 2시가 다 되어 잠자리에 들었다. 아이가 몇 번이나 부르는 소리에 눈을 뜨니 머리가 어지럽고 심하게 아팠다. 겨우 자리에서 일어나

걸음을 옮기려니 몸의 중심을 잡을 수가 없었다. 며칠 동안 이런저런 일로 잠을 설친 탓이라 생각하고 세수를 하고 뜨거운 콩나물국과 김밥 몇 개로 아침을 대신하고 집을 나섰다.

오전 7시 5분,

아내가 새벽잠을 설치며 정성스레 싸준 도시락을 담은 배낭을 메고 집을 나서니 안개 자욱한 남강 위의 하늘은 높고 옅은 구름으로 가득하다. 월출산은 바위산이라 쉴 숲이 없다며 창 넓은 모자를 꼭 준비하라는 친구의 말을 들었지만 전국이 흐리겠다는 기상예보를 잠자리에서 일어나자마자 본 터라 즐겨 쓰는 모자를 챙겨 집 앞 길 건너 시내버스 정류장으로 발걸음을 옮겼다.

정류장에서 출발 장소로 가는 시내버스를 기다리고 있을 때, 앞을 지나치던 은색 승합차가 급히 멈춰 선다. 차창을 열고 부르는 소리에 살펴보니 'ㅇㅇ산악회' 여성 부회장이다. 'ㅇㅇ산악회' K씨가 운전하는 차에 올라 인사를 나누고 이맘때면 풍광이 좋은 가을 산에 대한 이야기에 귀 기울이다 보니 텅 빈 거리를 막힘없이 달린 차는 금세 구, 동명극장 앞 집결지에 도착을 한다.

대기하고 있는 버스에 오르니 오랜만에 산행을 나온 반가운 얼굴들이 서로 손을 내민다. 예약된 좌석에 친구와 나란히 앉아 근간의 안부를 묻고 이야기하는 동안 머리 두통은 조금씩 가라앉았다.

7시 35분,

우리를 태운 버스는 출발지인 구, 동명극장을 떠나 국제로터리에서 나머지 일행들을 태우고 남해 고속도로를 달렸다. 이름난 명산 산행 소식에 한동안 뜸했던 회원들도 모처럼 나와 좌석이 다 찼고, 예약을 하지 않고 나온 일일회원들은 산악회 회장 바깥양반의 승합차에 나누어 타고 영암으로 향했다.

8시 41분,

섬진강휴게소 도착.

휴게소는 가을 산으로 산행 가는 사람들로 붐볐다. 커피 마시러 가자는 친구의 말에 버스에서 내려 매점으로 향했다. 길게 늘어선 사람들의 차례를 기다려 원두커피를 사들고 차로 돌아왔다. 머리 통증은 없어졌지만 몸이 무기력하고 힘이 없었다. 오늘 산행을 포기할까 하는 생각에 잠겨 있다가 옆에 앉은 친구가 말을 건네는 순간 그 생각은 뇌리 속에서 사라졌다.

들녘에는 아직 추수가 끝나지 않은 논들이 군데군데 누런 이삭을 머금은 채 가을의 정취를 풍기고 있었다. 단풍이 물들지 않은 가로수 잎들은 연신 지나치는 차들에게 어린 아이처럼 손을 흔들고 있었다.

10시 15분,

두 시간을 넘게 달린 버스는 천황사 탐방 지원센터가 있는 주차장에 도착했다. 전국에서 모여든 수십 대의 관광버스가 운집한 주차장에는 넘치는 인파들로 복잡했다. 우리는 월출산 표지석 앞에서 단체사진을 찍고 천황봉으로 향했다.

월출산(月出山809m.)

호남의 소금강이라고 불리는 월출산은 소백산맥 여맥의 말단에 솟아 있으며, 주위에 도갑산(道岬山 376m), 월각산(月角山456m), 장군봉(將軍峰) 등이 있다. 남원의 지리산, 장흥의 천관산, 부안의 능가산, 정주의 내장산과 더불어 호남 5대 명산으로 꼽힌다.

백제·신라 때에는 월나산(月奈山), 고려시대에는 월생산(月生山), 조선시대부터 월출산(月出山)이라 불렀다.

오늘 산행기점은 천황사 탐방지원센터를 출발, 천황사지 – 구름다리 – 통천문 – 천황봉 – 바람재 – 구정봉 – 향로봉 – 도갑사 탐방 지원센터까지 약 9.5Km, 산행 소요시간은 6시간이다.

천황사지로 오르는 초입부터 가파른 오르막이 시작되었다. 얼마 오르지 않아 바윗길이 시작이다. 고개를 들어 하늘을 보니 하늘 아래 바위산이 산 아래를 굽어보며 서 있다. 많은 등산객들로 인해 발걸음은 한없이 더디기만 했다. 바람골로 오르는 길은 바윗길이 나타났다가도 다시 급경사 오르막길이 이어져 서서히 몸에서 땀이 오르고 이슬이 이마에 맺히게 했다.

30여 분을 오르니 천황사지 석등대좌가 우릴 반긴다. 사자봉 아래 위치한 천황사는 2001년에 불타 한창 복원 공사 중이었다. 구름다리까지 오르는 길은 무풍지대와 같이 바람 한 점 없다. 산을 오르던 사람들 저마다 겉옷을 벗었다.

마(魔)의 계단이라고 불리는 구름다리 아래 수직의 철계단에 오를 때는 다리가 후들거렸다. 몇 번이고 쉬기를 반복해서 구름다리에 다다르니 사방으로 병풍처럼 둘러쳐진 기암괴석들의 모습에 절로 경탄이 터져 나왔다.

11시 25분,

구름다리(높이 120m, 길이 54m) 도착.

월출산 구름다리는 높이 120m, 길이 54m로 전남 강천산, 경북봉화 청양산과 더불어 우리나라 3대 흔들다리라 불릴 정도로 높고 길이가 길어 이름나 있다.

카메라를 들고 사진을 찍는 사람들로 인해 다리를 건너는데도 시간이 많이 걸렸다. 나도 재빠르게 카메라를 꺼내 들고 사진을 찍었다. 다리를 건너 뒤에 따라오는 일행들을 기다려 몇 장의 사진을 더 찍고 가파른 철계단을 올랐다.

사람들에게 밀려 걸음을 멈출 때마다 계단 난간을 부여잡고 돌아서서 발아래 경관을 둘러보았다. 걸어온 능선마다 사람들로 줄을 이은 광경은 월출산이 명산으로 이름난 산임을 증명했다. 영암 너른 들녘이 한눈에 들어왔다.

오후 12시 50분,

경포능선삼거리 도착.

구름다리에서 1.3km를 올라오니 천왕봉 - 경포 - 구름다리 삼거리가 나왔다. 여기서부터 천왕봉 정상까지는 0.4Km가 남았다. 우뚝 선 암봉 위에 뿌리를 내린 소나무가 한 폭의 동양화처럼 경이롭다.

사자봉으로 가는 갈림길에서 작은 바위능선을 넘으니 통천문이 나타났다. 지리산 통천문은 하늘을 향해 열려있는 반면 월출산 통천문은 바위사이로 뚫린 굴의 형태다.

지척에 정상 천황봉이 보인다. 여기서부터 천황봉까지 거리는 10분 거리이다.

1시 15분,

천황봉(809m) 도착.

산행을 시작한 지 세 시간 만에 정상에 도착했다. 불꽃처럼 솟아 오른 기암절벽을 오르고 난 후의 기쁨을 어디다 비할까.

서쪽으로 구정봉으로 가는 기암괴석 바위능선이 장관이다. 북쪽으로 장군봉, 남쪽으로 사자봉이 보인다. 왼쪽으로 능선 넘어 경포의 너른 들녘이 손 잡힐 듯 보인다. 정상에는 발 디딜 틈이 없을 정도로 등산객들로 붐볐다. 정상에 오르느라 거칠어진 숨을 고르며 산 아래에서 불어오는 바람에 땀을 식히고 점심을 먹을 장소를 찾아 서쪽으로 발걸음을 옮겼다.

우리 일행 여덟 명은 정상 아래에서 빙 둘러앉아 점심을 먹었다. 좋은 자리는 먼저 도착한 등산객들로 인해 이미 점령이 된 터라 조금 비탈진 곳에서 몸을 바위 쪽으로 기대고 밥을 먹었다.

입안이 까칠해져 그렇게 맛나던 김밥이 아무런 맛을 느낄 수가 없었다. 모래알을 씹는 듯 밥알이 입안을 헛돌았다. 가파른 계단을 너무 무리해서 올랐나보다.

산 아래에서 불어오는 서늘한 바람이 밥을 먹는 동안 땀에 젖은 몸의 체온을 점점 떨어뜨렸다. 배낭에 넣어둔 바람막이 재킷을 꺼내 입고 후미에 남은 우리는 앉은 자리를 깨끗이 치우고 서둘러 자리에서 일어났다.

2시 05분,

점심식사 후 출발.

바위 틈 사이 바람만이 수없이 오고 갔던 길을 오른다. 간만에 나타난

숲에 초가을의 정취를 느껴본다. 앞서 가는 친구를 불러 세워 붉게 물든 단풍나무 아래 카메라를 꺼내 추억을 담는다. 두고두고 보고 싶은 마음이야 어찌 나 하나 마음뿐일까. 걸음을 재촉한다.

2시 56분,

돼지바위 도착.

거친 숨소리가 바위 위에 떨어진다. 걸어온 길을 돌아보니 우뚝한 천왕봉이 저만치 서 있다. 산길을 따라 줄줄이 늘어선 등산객들의 끝이 보이지 않는다.

앞서 가던 일행 몇몇 바위위에 앉아 휴식을 취하고 있는 옆자리에 배낭을 내려놓고 타는 갈증에 물을 마셨다. 잠시 후 일행들 모두 자리에서 일어나고 나도 따라 자리에서 일어나려는 순간 허벅지가 뻐근해지더니 경직이 일어났다. 심한 통증에 바위에 몸을 기댄 채 서 있으니 옆에 있던 친구 스프레이를 꺼내 허벅지에 뿌려준다. 5분쯤 시간이 흐르자 두 다리의 마비된 근육이 조금씩 풀어졌다. 내리막길에선 다리에 힘을 싣지 말고, 높은 곳에서 단번에 내려서지 말고, 보폭은 짧게 하라고 친구는 조언을 한다.

3시 34분,

구정봉(743m) 도착.

넉넉잡아 30분이면 올 거리를 1시간이 넘게 걸렸다.

천황봉 서쪽능선을 따라 약 1.1㎞ 지점에 있는 구정봉(九井峰)은 월출산의 제2봉으로 금수굴을 지나 올라간다. 산정상은 평탄한 암반으로 아홉 개의 웅덩이가 있어 구정봉이라는 이름이 붙여졌다. 심한 가뭄에도 물이 마르지 않는 샘으로 9마리의 용이 살고 있다는 이야기가 전해온다.

정상에 올라 서쪽능선을 따라 늘어선 기암괴석과 조화를 이룬 수목들이 그림같이 펼쳐져 있다. 향로봉, 미왕재로 가는 산길이 한눈에 들어온다. 아름다운 풍광에 눈과 마음을 빼앗기고 가쁜 숨을 고른다. 친구가 건네준 오이 몇 조각으로 갈증을 달랜다. 향로봉으로 가는 길은 내리막길이다.

3시 55분,

향로봉(743m) 도착.

정상에 오르니 올라온 능선들이 눈 아래 펼쳐진다. 끝없이 이어지는 바위 능선을 따라 오른 정상엔 산의 깊은 울림이 있었다.

한참을 걷다가 돌아보니 내 뒤엔 아무도 없었다. 정상을 향해 오르던 수많은 사람들은 다 다른 하산코스를 택했나보다. 정해진 하산시간이 임박해오자 마음이 급해졌다. 작은 돌을 밟고 미끄러지자 앞서가던 친구 돌아보며 다친 데는 없냐며 묻는다. 내가 걱정이 된 친구는 나를 앞세우고 뒤를 따라온다.

작은 능선에서 남근바위와 만난다. 바윗길에 우뚝 선 남근바위는 봄이 오면 바위 위에 철쭉꽃이 핀다고 한다. 우리의 산에는 나무 하나 돌 하나 신비하지 않는 것이 없다.

향로봉에서 5분여를 걸어 내려오자 미왕재 억새밭을 만난다. 은빛물결이 치는 억새밭은 산길 주변에 화려하지도 않고 은은한 모습으로 바람에 나부끼고 있었다. 그리 넓지 않은 억새밭은 관리가 제대로 이루어지지 않아 보였다. 억새밭을 지나 작은 능선을 넘으니 숲속 바위 내리막길이 끝없이 이어져있다.

등산길이 험했는데 하산길이 편할 수 있으랴. 한참을 내려오니 총무국장이 계곡물이 흐르는 곳에서 우릴 기다리고 서 있다. 가을산은 일찍 일몰이 온다며 걸음을 재촉한다. 이미 하산시간은 20분을 넘기고 있었다.

천황사에서 천황봉까지 3.7km, 천황봉에서 도갑사까지 5.8km, 지도상

거리는 9.5Km 이지만 체감 거리는 배로 여겨졌다.

도갑사가 가까워오자 길옆에 〈탈진〉 〈심장마비에 대한 대책을…….〉 적은 현수막이 여러 개 있는 것으로 보아 월출산 산행이 얼마나 힘든 구간인 것을 알려준다.

5시 05분,

도갑사 도착.

산길과 연결되어 있는 절 뒷마당을 돌아 나오니 대웅보전이 웅장하다. 멈춰 서서 합장하며 우리가족 건강하기를 머리 숙여 기원을 올린다.

굵은 모래가 깔린 경내를 지나 무량수전 앞에서 오늘 하루 무사함을 감사드리며 발걸음을 옮겼다. 도갑사 매표소 앞에 몇몇 일행들이 보였다.

우리를 태우고 온 버스는 예약해 둔 식당으로 이미 떠나고 없었고, 후미에 뒤처진 우리들을 태우고 가기 위해 승합차가 기다리고 있었다.

일행 여섯은 주차장 쉼터 벤치에 둘러앉아 차와 음료수를 마시며 오늘 하루 동안 보았던 자연이 빚어 놓은 경이로움에 감탄하며 계곡물에 땀을 씻으러 간 G국장과 친구 K를 기다렸다.

도갑사(道岬寺)

신라 문무왕 때에 도선 국사가 창건했으며, 도갑사해탈문(道岬寺解脫門) 국보 제50호, 도갑사석조여래좌상(道岬寺石造如來坐像) 보물 제89호, 도갑사도선수미비(道岬寺道詵守眉碑) 전라남도 유형문화재 제38호, 등이 있다.

5시 27분,

월출산을 떠나옴.

산을 오를 때 순간순간의 기억들을 떠올리며 어둠이 깔린 월출산은 짙은 어둠 속에서도 쉼 없이 출렁이고 있었다.

6시 37분,

영암을 떠나옴.

회원 모두 그 지역에서 소문난 식당에서 짱뚱어탕과 하산주를 하는 동안에 나는 차츰 엄습해 오는 피로에 식욕을 잃어 버스에서 쉬고 있었다. 버스가 출발하자 나는 잠에 빠져들었다.

8시,

섬진강휴게소 도착.

K 친구가 매점에서 사온 뜨거운 원두커피 한잔에 피로가 술술 풀어졌다. 차가 출발하자 L 여자총무가 간이의자를 바짝 붙여 다가앉으며, 산에서 내려 올 때는 얼굴이 핏기가 하나도 보이지 않아 걱정이 되었는데 이젠 화색이 돈다며 내게 말을 건네자, "커피가 이 작가를 사람으로 되돌려 놓았군." 하며 옆에 앉은 친구 맞장구를 친다.

9시 15분,

휴일 아침 곤히 잠들어 있는 도시를 떠난 버스는 하루도 다 못 채운 채 유배지로 다시 돌아와 깊어가는 밤거리에 나를 내려놓는다.

G 국장은 친구 몇몇과 술 한잔하자고 나를 붙잡았지만 다음을 기약하며 집으로 오는 시내버스에 몸을 실었다.

전남 장흥 천관산

가을은 내가 모르는 사이 많이 깊어졌다. 두 달여 만에 산행이다. 지난 10월에는 문학행사와 이곳 축제가 겹쳐 오대산 산행을 가지 못했었다. 아내가 새벽에 일어나 정성스럽게 싸준 도시락을 챙겨 발걸음도 가볍게 집을 나섰다. 운무가 뿌옇게 내려앉은 아침 기온은 제법 서늘했다.

오전 8시 7분,

시내버스를 타고 출발 장소인 구, 동명극장 앞에 도착하니 많은 회원들이 나와 있었다. 반갑게 손을 맞잡으며 서로의 안부를 묻고 안녕함을 미소 가득한 얼굴에 담는다.

출발 시간까지 나오지 않는 몇몇의 회원들로 인해 운영진 분들의 전화는 계속 통화중이다. 결국 출발 시간을 넘기고 우리를 태운 차는 아쉬운 출발을 했다.

휴일의 도심의 거리엔 늦은 잠을 자느라 분주한 어젯밤을 보상이라도 받는 듯 고요하기만 하고 길가에 줄을 지은 은행나무들은 노란 잎들을 말

없이 떨어뜨리며 무수한 그리움들을 남기고 있다.

10시 03분,

섬진강휴게소 도착.

휴게소에는 깊어가는 가을을 놓치지 않으려는 사람들로 북적거렸다. 안개가 자욱한 산 아래까지 단풍들이 예쁘게 화장을 했다. 노랗게, 빨갛게, 볼그레하게 요염한 화장을 부끄러워하는 듯 희뿌연 안개 속에 얼굴을 묻고 수줍음에 붉혀진 얼굴 가늘게 흔들린다.

천풍산(天風山), 지제산(支提山)이라고도 불리는 높이 723m의 천관산은 지리산(智異山), 월출산(月出山), 내장산(內藏山), 내변산(內邊山) 등과 함께 호남지방의 5대 명산 가운데 하나이다. 수십 개의 봉우리가 하늘을 찌를 듯이 솟아있는 것이 마치 천자(天子)의 면류관과 같아 천관산이라는 이름이 생겼으며, 신라 김유신(金庾信)과 사랑한 천관녀(天官女)가 숨어 살았다는 전설이 전해온다.

11시,

천관산 두물머리 도착.

천관사 구정봉이 눈앞에 보이는 곳에 우리를 태운 버스는 멈춰 섰다. 매월 정기산행 때마다 수고하시는 관광버스 박 기사님은 천관사 아래까지 비탈진 산길을 차를 몰고 올라오는 수고를 마다하지 않으셨다. 배낭을 지고 스틱을 꺼내 쥐고 구정봉 정상을 향해 발걸음을 내디뎠다.

계속 가파른 오르막길을 걸으니 등에서 서서히 땀이 났다. 길을 멈추고 겉옷을 벗어 배낭에 넣고 뒤따라 오는 일행들을 기다렸다. 사방을 둘러보니 기대했던 단풍은 눈에 들어오지가 않고 띄엄띄엄 단풍색이 별로 곱지가 않았다.

오후 12시 30분,

산악 회원들 맨 앞에 선 나와 여섯 명의 일행은 천관산 연대봉이 눈앞에 보이는 억새밭 헬기 발착장에 도착했다. 바람이 많이 불어 억새 가장자리에 자리를 펴고 일행들을 기다렸다.

멈출 줄 아는 사람은 이른 점심을 먹는다.

모두 둘러앉아 각자 가져온 반찬과 도시락을 펼치니 여느 진수성찬이 부럽지 않다.

1시 30분,

점심 후 출발.

연대봉 정상에 서니 장대한 억새밭과 발아래 펼쳐진 산은 붉게 타 들어가고 보는 이의 마음에도 단풍이 물든다. 산 정상을 따라 끝없이 펼쳐진 눈부신 하얀 억새밭은 장관이다.

고개 숙인 억새를 보니 아쉬운 마음이 들었다. 내년에는 한 달 정도 빨리 오면 더 멋진 광경을 볼 수 있으리라 다짐을 해 본다.

운무가 짙은 남해바다는 뿌연 이불을 끌어안은 채 자신을 드러내지 않으려는 듯 안개를 자꾸만 산 위로 밀어 올린다.

산 정상에서 눈 아래 보이는 마을까지 거리가 제법 멀다. 내리막인 길을 돌고 돌아가는 길은 외로움이 쓸쓸하게 간다.

3시 30분,

장천재 주차장 도착.

우리를 기다리고 있는 버스가 저만치 보였다. 무사히 오늘 산행을 마치게 해준 신께 감사를 드렸다. 굽이굽이 길을 따라 걸으며 마음속 높이 쌓아 올린 번뇌와 찌든 때와 욕심을 버리고 내려온 산은 나에게 무언(無言)의 깨달음을 준다.

일행들이 모두 차에 오르자 우리를 태운 버스는 근처에 있는 편백 휴양림으로 향했다.

4시,

편백 휴양림 도착.

편백나무가 울창하게 서 있는 숲을 걸으며 늘 함께 산행을 하면서도 대화가 없었던 분들과 세상사는 이야기를 주고받으며 잘 조성된 공원길을 돌아 나오니 앞서 내려온 회원들이 우릴 반긴다.

일행들은 버스 옆에 둘러앉아 산악회에서 마련해 온 술과 안주로 고된 산행의 피로를 풀었다. 소주 한잔에 오고가는 정이 두텁고 빈 들판에서 불어오는 차가운 기운은 달아오르는 열기에 저만치 물러간다.

5시 12분,

천관산을 떠나옴.

가을이 깊어갈수록 산은 화려해지고 사람은 겸손해진다. 이제 겨울이오면 단풍나무는 치마를 벗어 바닥에 깔아 놓을 것이다. 가는 가을을 아쉬워하며 우리를 태운 차는 어둠이 내려오는 길을 앞만 보고 달렸다.

8시 17분,

진주 도착.

가을은 그리움이다. 일 년을 그리워하며 가을을 기다렸지만 가을은 나도 모르는 사이에 다가왔다가 어느새 이별을 고하고 있다. 우수수 낙엽지는 소리 내 마음의 창을 흔든다.

추억 속에 묻힌 그 사람을 그리워하고 지난날의 아쉬움을 허공에 날리며 낙엽 내려앉은 길을 따라 가을은 끝자락을 가고 있다.

어둠이 짙게 깔린 거리에 발을 내디디니 신호등 붉은 빛이 강 안개에 흐릿하다. 정들었던 님들과 손을 흔들어 작별을 하고 발걸음을 옮겨 깊은 정을 두고 온 곳으로 향한다.

또 일주일을 한껏 가벼워진 심신(心身)으로 보낼 것을 생각하니 마음도 기분도 가볍다.

열매

긴 침묵의 시간을 보내고
잎사귀와 꽃의
그림자처럼 살아온
저 나무의 열매

푸른 하늘 보며
빛을 안고
별을 품고
산을 울리는 소리를 안으로 감으며
가지 끝에 매달려
바람에 온몸 흔들며 익어가는
저 향기로운 열매

섬처럼 품은 씨앗을
온몸으로 끌어안고
땅으로 내려와
싹이 되고
나무가 되고
바람이 꽃을 피우는 까닭을
잎사귀에게 전한다

여수 금오도 대부산

어느새 12월이다. 올해 계획한 일들을 다 이루지 못 한 채 속절없이 한 해가 가 버렸다. 어느 해보다 아쉬움이 많이 남는 해다. 골목 너머 길 위의 인적이 끊어진 고요한 새벽, 간혹 창을 흔들고 가는 바람소리뿐 컴퓨터 문자판 두들기는 소리만이 온밤을 밝히고 있다.

며칠째 한파가 몰아치고 강원도 지방에 때 아닌 폭설이 내리더니 사흘이 지나지 않아 강원도와 전라도 이남까지 폭설예보가 내렸다. 12월 들어 한껏 추워진 날씨에 몸이 저절로 움츠러든다. 산행을 갈 여수 금오도에는 다행히 눈이 내리지 않았다는 소식에 염려했던 마음이 놓였다.

서울 갈 때와 마찬가지로 산행을 가는 날에는 겨우 두서너 시간 눈을 붙이고 일어나는 것이 이제 습관처럼 되어 버렸다. 잠깐 눈을 붙이고 일어나 집사람이 꼭두새벽부터 준비한 도시락을 배낭에 넣고 다른 날보다 일찍 집을 나섰다.

효명이 아직 눈 뜨지 않은 세상은 깊은 잠에 빠져 있다. 새벽 강바람이 차다. 찬 공기가 폐부 깊숙이 파고 들어와 정신을 맑게 한다. 발걸음을 바삐 옮긴다.

출발 장소에는 우리를 태우고 갈 버스가 떠날 준비를 마치고 하얀 입김을 연신 내 뿜고 있다. 반가운 얼굴로 친구 G가 달려와 반긴다. 언제나 변함없는 모습이다. 친구 얼굴을 대하면 언제나 마음이 편안해진다. 오늘 만큼은 친구와 함께 산을 오르면서 그동안 쌓아 두었던 이야기를 나눠보리라 마음을 먹었다.

오전 7시 11분,

다른 날보다 출발 시간이 1시간 앞 당겨진 것을 몰랐던 몇몇의 회원들이 늦게 나오는 바람에 출발 시간을 십 분을 더 넘기고 버스는 출발했다.

8시 27분,

남해고속도로를 타고 여수를 향하던 버스는 잠시 섬진강휴게소에 들렀다.

10시,

여수 신기마을 도착.

바람이 많이 불었다. 오랜만에 보는 바다의 비릿한 갯냄새를 맡을 여유도 없이 차디찬 바닷바람에 옷깃을 여미여만 했다. 우리가 타고 온 버스는 신기에 두고 몸만 금호페리에 올랐다. 앞 바다에는 돌산과 화태도를 잇는 다리 공사가 한창이었다. 우리를 태운 배는 눈앞에 잡힐 듯 보이는 금오도를 향해 화태도, 소두라도, 대두라도 섬 사이를 지나 신기 항을 떠난지 25분이 지나서야 여천여객선 터미널에 도착했다.

승용차만 배에 싣게 하는 이유를 섬에 가서 알게 되었다. 좁은 도로 여건에 마을버스, 승합 택시가 등산로 입구까지 사람들을 실어 날랐다.

금오도(金鰲島).

그 모양새가 자라와 비슷하다고 해서 금오도(金鰲島)라 불리며 우리나라 21번째로 큰 섬이다.

금오도는 주변 섬에 비해 넓은 면적과 아름다운 자연경관을 소유하고 있지만, 사람이 들어와 살기 시작한 것은 불과 120년 남짓 밖에 되지 않았다.

섬에는 수백 년 된 동백나무, 소나무, 서어나무가 울창한 숲을 이루고 있고 해돋이와 해넘이가 장관으로 해안선 대부분은 암반으로 굴곡이 많고 너럭바위와 숲이 잘 조화를 이루고 있다. 해안선을 따라 걷는 둘레길은 아름다운 다도해의 절경을 조망할 수 있다.

대부산 종주코스의 총길이는 약 11km에 이른다. 송유리의 함구미 마을을 출발해 대부산－문바위－칼이봉－느진목－옥녀봉－검바위 등을 거쳐 면소재지인 우학 리로 하산하는 이 코스는 5시간이 소요된다.

10시 56분,

금오도 여천선착장 도착.

미리 예약해 둔 섬마을 미니버스를 타고 함구미 마을로 향했다.

11시 05분,

송유리 함구미마을 도착.

고개를 들어 하늘을 올려다보니 산 위 팔각정이 우뚝 서 있다.

11시 25분.

몇몇의 회원들은 해안선을 따라 나 있는 둘레길로 향하고 선두의 회원들이 출발한 후 나와 G국장, K회원 세 명은 섬마을 버스에 다 타지 못해 뒤차로 오는 회원들을 기다려 먼저 산행을 시작한 회원들보다 10여분 늦게 산행을 시작했다.

산행 기점인 함구미 마을부터 능선길이 시작되는 팔각전망대까지는 제법 가파른 오르막길이다. 숨은 가빠도 마음은 가볍다.

갈림길에서 작은 등산로 표시판이 있는 좁은 산길을 오르자 돌담길이 능선마루까지 이어져 있다. 15분여를 오르니 너덜지대가 나온다. 지난달 다녀온 충남 계룡산 너덜 경이 떠오른다. 그리 길지 않은 너덜지대를 지나 쉼터 의자가 놓인 곳에 다다르니 앞서 출발한 산행대장과 일행 몇몇이 휴식을 취하고 있다.

앞만 보고 산을 오른 탓에 내가 후미 맨 앞이다. 뒤처진 일행들을 기다리며 열기 가득한 몸을 식히려 재킷을 벗었다.

오후 12시 03분,

팔각전망대 도착.

사방이 탁 트인 다도해의 조망에 가슴속까지 후련해져 온다. 먼저 도착한 회원들은 점심을 먹기 위해 자리를 잡고 있었다. 세찬 바람을 등질 자리가 없어 주위를 살피다가 산행대장과 몇몇의 회원들이 눈 아래 보이는 너럭바위가 있는 곳으로 가는 뒤를 따라 갔다.

12시 19분,

팔각정에서 15분여를 걸어 내려와 대부산 정상이 보이는 곳, 열 명 정도 남짓 앉을 정도의 바위에서 꿀맛 같은 점심을 먹는다. 바람 한 점 불어오지 않는 양지바른 곳에 앉아 밥을 먹으니 땀으로 젖은 등줄기가 따뜻한 햇살에 모두 마르고 점점 추위가 풀려 몸이 노곤해졌다.

식사 도중 눈앞에 보이는 섬 위로 가까이 내려온 구름과 구름사이로 내려온 빛이 섬을 감싸 안은 바다를 금물결로 바꾸면서 마치 한 폭의 수채화를 보는 듯 아름다운 풍광이 펼쳐졌다. 한동안 넋을 잃고 바라보다 지체된 시간이 길어 자리에서 서둘러 일어났다.

점심을 먹고 길 위로 올라서니 언제 우리 뒤를 따라 오셨는지 K 고문이 저만치 오고 계셨다. 걸음이 빠르지 않은 고문님을 앞세우고 뒤를 따랐다. 오르막길을 오를 때는 뒤를 돌아보지 않는 습관 때문에 K 씨를 놓칠까 염려해서다.

1시 09분,

대부산(382m) 정상 도착.

금오도의 최고봉이다. 잡목으로 둘러싸인 정상은 조망도 없고 바람 한 점 없다. 정상을 벗어나자 저 멀리 대두라도 뒤로 화태도가 보이고 우측으로 여천마을과 도선이 오고가는 선착장이 있는 돌산읍의 신기마을이 보인다. 섬을 안은 푸른 쪽빛바다가 눈부시도록 아름답다.

산길 옆으로 하얀 옷을 입은 나무가 즐비하다. 앞선 일행에게 물었지만 답이 없다. 한참 후 일행 중 한 분이 서어나무라고 말해 주었다.

자작나뭇과의 갈잎큰키나무(낙엽교목)에 속하는 서어나무는 우리나라 어디서나 흔하다. 그런데도 이 나무를 아는 사람들은 의외로 많지 않다. 쓸모가 많지 않아서 사람들의 마음을 얻지 못한 까닭이다. '숲속의 보디빌더'라는 별명을 가진 서어나무의 줄기는 가지런한 원형이 아니라 제멋대로 뒤틀려 있다.

서어나무는 인간에게 그다지 쓸모가 있지는 않아도 숲 생태계에서는 아주 중요한 위치를 차지한다고 한다. 극상림을 이루는 나무이기 때문이다. 같은 장소에서 시간의 흐름에 따라 진행되는 식물군집의 변화를 천이(遷移)라고 한다. 그리고 천이의 마지막 단계에서 안정된 상태를 유지하는 숲을 '극상림(極相林)'이라고 한다.

대부산 곳곳에 서어나무가 빼곡한 것을 보면 산 전체가 극상림을 이루는 듯했다. 오히려 참나무, 소나무, 진달래 등과 같이 우리나라의 산지에 지천으로 자라는 나무들이 여기서는 흔치 않아 보였다.

2시 05분,

문바위 정상.

커다란 바위 두 개가 마치 문처럼 서 있다. 정상에 올라서니 여천 선착장이 한눈에 들어온다. 다도해의 푸른 바다 저 멀리 북쪽으로 여수 시내가 희미하게 아련하게 보인다. 이곳에서 부터는 능선길이 차츰 고도를 낮추며 부드럽게 이어진다.

눈앞에 보이는 옥녀봉 주능선은 비교적 완만하다. 7,8개의 봉우리가 솟아 있지만 힘이 많이 들지 않는 오르내림 길이다. 동백 숲과 다도해의 조망을 하다 보니 여천 삼거리에 도착한다.

3시 14분,

여천마을, 옥녀봉 삼거리 도착.

대부산 정상에서 2시간 만에 여천마을과 옥녀봉으로 가는 삼거리에 도착했다. 쉼터로 만들어 놓은 나무의자에 앞서 간 산행대장과 일행 몇몇이 쉬고 있었다. 여기부터 옥녀봉까지 4km다. K 고문에게 옥녀봉 정상으로 갈 건지 여천으로 내려갈 것인지를 여쭈었다. 산행대장 일행은 뒤에 처진 회원들을 기다려 여천으로 내려간다고 했다. 우리는 옥녀봉으로 향했다.

칼이봉을 지나니 길옆 서어나무가 빽빽하다. 느진목 사거리의 작은 억새밭 수레 길을 지나니 옥녀봉으로 오르는 오름길이 시작된다.

옥녀봉 정상을 얼마 남겨 놓지 않아 뒤쪽에서 사람 소리가 들려와 돌아보니 산악회 회장과 J씨, 여성 회원 K씨가 저만치 아래에서 우릴 불러 세운다. 정상 가기가 수월하다는 산행대장의 말만 믿고 옥녀봉으로 올라온 회장의 지친 안색이 역력하다. 반가운 마음도 잠시 육중한 몸을 이끌고 산을 오르는 회장 걱정이 앞선다.

4시 20분,

옥녀봉(261m) 정상.

작은 능선을 여러 개 넘어서 옥녀봉에 도착했다. 옥녀봉에 올라서니 칼바람이 온통 머리칼을 어지럽힌다. 옥녀봉 정상은 큰 바위 하나와 작은 표시판이 전부다.

왼쪽 아래 소유마을 선착장이 보이고 유인도인 수항도에 몇 채 되지 않는 집들이 보이고 오른쪽으로 형제섬이 보인다. 사진 한 장 찍고 바쁜 마음에 걸음을 재촉한다. 검 바위 내려오는 하산길 너럭바위에서 잠깐 쉬는 사이 고문님이 배낭에서 맥주 캔을 건네준다. 맥주 캔을 단숨에 마시

고 자리에서 일어났다.

배 시간이 다 되어 가도록 우리가 보이지 않자 총무국장이 전화를 걸어온다. 배를 타지 못하고 섬에 남을까 하는 걱정에 통화를 하는 회장의 목소리가 불안하다.

한참을 내려오자 남쪽으로 망산(343m) 너머 우학리 선착장이 보인다. 해는 점점 서산으로 기울고 섬에서 여수로 출발하는 마지막 배시간이 촉박해 뒤돌아볼 여유도 없이 산을 내려왔다.

5시 10분,

검바위 도착.

검바위에 도착하니 아직 배 출발 시간까지는 20여 분이 남았다. 검바위는 등산로 아스팔트 도로변 옆에 있었다. 총무국장이 보내 준 승합택시를 타고 여천선착장으로 향했다.

5시 24분,

여천선착장 도착.

산을 먼저 내려온 회원들은 예약해 둔 식당에서 하산주와 식사를 마치고 모두 선착장에 나와 있었다. 저 멀리 우리를 태우고 갈 도선이 오고 있었다.

5시 30분,

여천선착장 출발.

5시 55분,

여수 신기선착장 도착.

6시,

여수 신기마을 떠나옴.

매번 산을 갔다 올 때면 늘 많은 아쉬움이 남는다. 더딘 발걸음에 아름다운 산과 자연의 풍광을 제대로 다 살펴보지 못하고 시간에 쫓겨 산을 내려오기 때문이다. 그러나 처음 산에 오를 때보다 지금은 많이 여유가 생겼지만 아직 뒤를 돌아볼 여유가 없어 늘 앞선 사람의 뒤를 쫓아가기 바빠 자연의 아름다운 모습들을 가슴에 다 담아 오지 못하는 아쉬움이 크다. 전국의 명산을 한 번씩 돌아보고 나면 처음 갔던 산들을 다시 찾아가서 미처 못 담아온 것들을 모두 담아올 계획이다.

친구 G와 함께 동행 하려고 했던 일이 이번에도 어긋나고 말았지만 다음 산행 때는 꼭 함께 하리라 다짐을 해 본다.

8시 40분.

버스는 서 진주 나들목으로 들어와 처음 출발한 곳에 우리 모두를 내려놓았다. 익숙한 거리에 발을 내디디니 하루의 고단함이 물밀 듯 밀려왔다.

나의 허물을 수없이 벗어 놓은 곳으로 발길을 옮긴다.

파도

그대의 향한 일념으로 다가간다

바람이 잠 들은
깊은 밤에도
태양이 이글거리는
한 낮에도
뜨거운 정열
바위에 부딪쳐
온 몸이 산산이 부서지고
닳고 닳아 무너져 버린 몸체에는
하얗게 반짝이는 광채가 있다

밀려왔다 쓸려가는
그렇게 일편단심으로
흰 속살 드러낸 너를 더듬고 있다

민족의 영산(靈山) 태백산

남부지방에 연이틀 내내 비가 내린 후로 며칠 포근했던 기온이 하루밤새 뚝 떨어졌다. 탁상시계에 알람을 맞춰 놓고 일찍 자리에 들었지만 새벽 두 시가 다 가도록 뒤척이다 잠이 들었다. 요란하게 울려대는 자명종소리에 자리에서 겨우 일어나 여벌옷과 도시락을 넣은 배낭을 짊어지고 길 위로 나오니 깊은 잠에 빠져든 도시는 너무나 고요하기만 하다.

잔뜩 흐린 하늘은 별 하나 보이지 않고 차가운 새벽공기는 폐부 깊숙이 파고 들어와 연신 하얀 김을 쉼 없이 토해낸다. 두꺼운 안개 이불을 덮은 도시는 길 위로 달리는 차들의 불빛에 안개를 끌어다 자꾸만 제 몸을 감춘다.

나이 지긋한 택시기사 아저씨는 태백산 산행을 간다는 내 말에 좋은 곳에 간다며 부러움 섞인 말로 산을 내려올 때 미끄러지지 않도록 당부의 말을 건넨다. 기사 아저씨의 말에 화답하며 출발 장소에 도착하니 정겨운 얼굴들이 하나 둘 모습을 보인다.

5시 42분.

우리를 태운 버스는 민족의 영산인 태백산으로 향했다. 짙게 드리워진 잿빛 커튼 아래로 효명(曉明)은 아주 천천히 땅위로 내려오고 있었다.

7시 49분,

안동휴게소 도착.

산행코스, 유일사매표소 - 유일사 - 태백산장군봉(1,567m) - 천재단 - 무쇠봉 - 문수봉 - 소문수봉 - 당골광장 약 11km, 5시간 소요.

11시 02분,

다섯 시간여를 달린 버스는 태백산 유일사매표소 주차장에 도착했다.

초입부터 눈길이 시작됐다. 이틀 전 내린 비에 눈이 녹아 땅이 질척거렸다. 곳곳에 얼어붙은 눈 때문에 아이젠을 신었다. 30분을 오르막을 가쁜 숨을 몰아쉬며 올랐다. 한참을 오른 유일사 쉼터에서 선 채로 잠시 숨을 고르고 다시 발걸음을 옮기니 생천년(生千年), 사천년(死千年), 살아서 천년, 죽어서 천년을 산다는 주목 군락지가 눈앞에 펼쳐졌다.

천년을 산 주목들은 죽어서도 영욕의 세월을 고스란히 끌어안고 흐르는 시간 속에 말없이 서 있었다.

이 세상의 모든 것들은 세월이 흐르면 다 변한다. 하지만 많은 세월이 흘러도 결코 변하지 않는 것들이 있다. 그것은 물이 불이 될 수 없는 진리인 그것이다.

나는 많은 생각을 하며 한참을 주목을 바라보며 서 있었다. 사람들은 추억을 시간 속에 담느라 여념이 없었다.

12시 39분,

천제단 도착.

1시간 30분을 걸어 천제단에 도착했다. 발 아래로 아름다운 설경에 한동안 눈을 떼지 못하고 있다가 녹니편암으로 쌓아 올려진 천제단에 올라 어느 등산객이 놓고 간 제물 앞에 잠시 기원을 올리고 장군봉 표지석 앞에서 사진 몇 장을 담고 바삐 발걸음을 옮겼다.

오후 1시 17분,

무쇠봉 도착.

부드러운 능선을 따라 무쇠 봉에 도착하자 차가운 눈바람이 옷깃을 파고들었다. 옷깃을 여미고 앞서 간 일행들의 흔적을 좇아갔지만 앞서 간 우리 일행들은 보이지 않았다. 가던 길을 멈추고 간간이 지나쳐 가는 사람들을 살펴봤지만 나는 혼자였다.

1시 50분,

문수봉 도착.

다른 산악인들의 뒤를 따라 문수봉에 다다르니 일일 회원으로 온 청년

두 사람이 내 뒤에서 다가왔다. 반가운 마음에 잔뜩 움츠렸던 마음이 순간 활짝 펴졌다.

2코스로 간 우리 일행은 없었다. 우리 셋뿐이었다. 우린 소문수봉 입구에서 자리를 깔고 늦은 점심을 먹었다.

2시 53분,

소문수봉 도착.

신선바위에 오르니 사방이 탁 트인 시야에 절로 감탄사가 흘러나왔다. 마치 내가 신선이 된 모양 바위에 걸터앉아 산 아래를 굽어보니 구름으로 쌓여 있는 신비로운 산으로 인해 어느새 가슴이 벅차올랐다. 자연은 자연 그대로일 때가 가장 아름답다는 것이 새삼 느껴졌다.

3시 10분,

당골광장 도착.

문수봉 – 소문수봉 – 당골광장으로 가는 삼거리에서 함께 점심을 먹은 일행이 부어준 따뜻한 유자차에 잠시 몸을 녹이며 문수봉으로 올라가는 길을 올려다보며 잠깐의 상념에 젖어들다가 천천히 발걸음을 옮겼다.

4시 5분,

당골매표소 도착.

계곡을 따라 하늘을 향해 끝닿을 듯 곧게 자란 울창한 전나무 숲을 지나쳐오자 손닿을 듯 저 아래 우리를 태우고 갈 버스가 보였다.

4시 35분,

태백산을 떠나옴.

짧고 길었던 하루의 시간은 흔들리는 차창에 파노라마처럼 펼쳐졌다. 스쳐가고 왔던 길을 다시 되돌아오는 길은 더 머물지 못한 여운과 추억을 안고 말없이 따라오며 어두운 차창에 맺혀 손을 흔든다.

산은 내가 가지 않아도 언제나 묵묵히 그곳에 있고 내가 얻고자 하는 것에는 무언(無言)의 가르침으로 나를 깨우친다.

발걸음이 더딘 나를 위해 앞서 가다가도 기다려주며 페이스를 맞춰 준 젊은 두 사람 덕분에 외롭지 않고 무사히 태백종주를 할 수 있었다. 두 분에게 고마움을 전한다.

6시 50분,

안동휴게소 도착.

9시 35분,

동 진주 도착.

어둠 속을 쉬지 않고 달려온 차는 도심 여러 곳에 사람들을 내려놓으며 또 다음을 기약하고 떠나가고 짧은 하루의 그리움이 있는 곳으로 발걸음을 옮긴다.

꽃은

꽃은
꽃이라서 예쁘다

흰 꽃은
때묻지 않아서 예쁘고
노란 꽃은
청초해서 예쁘고
붉은 꽃은
홍조 띤 여인 모습 같아서 예쁘다

꽃은
화려하지 않아도
그 자체만으로도 아름답다

꽃은
꽃이라서 사랑스럽다

전북 무주 덕유산

무술년 새해가 밝았다.

지난 묵은 감정들을 버리고 새로운 마음가짐으로 새해를 맞는다. 올 한 해에는 지난해 못다 했던 소망들을 꼭 이루어 보리라 굳은 다짐을 해본다. 일주일 내내 전국이 꽁꽁 얼어붙었던 날씨가 풀렸다.

새해 첫날 해돋이 산행을 가지 못한 아쉬움에 일주일이 더디게만 흘러갔다. 거의 뜬눈으로 밤을 보내고 새로 산 아이젠과 여벌옷을 챙겨 평소보다 일찍 집을 나섰다.

오전 6시 25분.

집결장소에 도착했을 때는 산행 버스도 도착을 하지 않고 있었고 한사람의 회원도 보이지 않았다. 효명이 밝아 오지 않은 어두운 거리에서 한참을 서성거리며 버스가 오기를 기다렸다. 떡집 차가 달려와서 회원들이 먹을 주먹밥과 떡 상자를 부려 놓고 가고 난 후 얼마 있지 않아 붉은 글씨로 산악회 전광판을 단 버스가 내 앞에 멈춰 섰다.

버스가 도착하고 얼마 있지 않아 친구 Y가 길 건너편 택시에서 내리며 반갑게 손을 흔든다. 출발 시각이 다 되어가자 한사람 두 사람 버스에 오르더니 어느새 자리가 다 채워졌다. 서로에게 건네는 새해 인사와 덕담으로 냉기 가득했던 차 안은 어느새 훈훈해지고 있었다.

7시 15분,

버스는 새해 소망을 싣고 무주 덕유산으로 향했다.

산청을 지나자 흰 눈으로 뒤덮인 지리산이 아주 가깝게 여겨진다. 차창으로 스쳐 지나가는 순백의 산하에 눈을 빼앗기고 있다가 버스가 함양휴게소에 다다르자 따뜻한 커피 한잔 마시러 가자는 동승한 좌석의 일행 말에 황급히 옷을 여몄다.

8시 10분,

함양휴게소 도착.

휴게소에는 새해 산행을 나온 사람들로 붐볐다. 잔뜩 흐린 날씨에 지리산 위에서 불어오는 매서운 바람은 따뜻한 차 안에서 나온 몸을 잔뜩 움츠리게 했다.

덕유산(1,614m)은 전북 무주군과 장수군, 경남 거창군과 함양군의 경계를 이루고 있는 산이다. 한라산, 지리산, 설악산에 이어 남한에서 4번째로 높은 산이며 100m 이상의 봉우리가 20여 개가 넘는 거대한 산이기도 하다. 그 장엄한 기세가 2도 4군 8개면에 걸쳐 있으며 산의 위용을 짐작할 만하다. 이처럼 산세가 웅장하다보니 수량도 대단하여 유명계곡으로 이름난 '무주구천동'을 탄생시킬 수 있었다.

덕유산은 사계절이 아름다운 명산이지만 특히 겨울 산행코스로 유명하다. 지형적 여건으로 남부지방에 위치하면서도 적설량이 많기 때문이다. 정상에서의 바라보는 조망은 거대한 산봉우리들이 연이어 달리는 모습을 바라보고 있노라면 우리 민족의 뿌리를 발견한 듯 가슴이 벅차오른다.

9시 13분,

버스는 두 시간을 달려 전북 무주에 도착했다. 스키와 보드를 타기 위해 엄청나게 많은 사람들이 광장에 운집해 있었다. 온 산하가 하얀 눈으로 뒤덮인 풍광에 잠시 넋을 놓고 있다가 곤돌라 승강장에 길게 늘어서 있는 사람들 후미에 줄을 섰다.

20여 분을 기다려 멈추지 않고 회전하는 곤돌라에 재빠르게 몸을 실었다. 곤돌라 탑승장 양옆으로 긴 슬로프를 따라 화려한 스키복을 입은 스키족들이 저마다 멋진 폼으로 활강하는 모습에 연신 감탄사를 연발하다가 종점에 도착했다는 안내방송에 배낭을 고쳐 멨다.

10시 10분,

설천봉 곤돌라 탑승장 도착.

탑승장을 빠져나오니 눈앞에 손에 닿을 듯 설원의 설천봉 정상이 보였다. 국립공원 덕유산을 알리는 표지석 앞에서 준비해 간 아이젠을 신고 일행들과 번갈아 가면서 사진을 찍었다. 일행들이 모두 정상으로 출발을 하고 우리 뒤에 도착을 한 총무국장 G씨와 동행을 했다.

친구 G와 앞서거니 뒤서거니 이야기를 나누면서 눈길을 걸으니 걸음을 옮길 때마다 뽀드득거리는 발자국 소리에 동심으로 돌아간 마음도 덩달아 즐거워졌다.

10시 23분,

설천봉(1,525m) 도착.

그리 가파르지 않은 능선을 따라 10여 분을 오르니 설천봉 정상에 오를 수 있었다. 산 정상에 서서 밝은 해를 바라보며 올 한해에도 건강하게 산에 오를 수 있도록 새해 소망을 빌어본다.

사방이 탁 트인 하늘 아래 끝없이 이어진 능선들, 자연의 경이로움에 감탄사가 절로 나온다. 수많은 세월 동안 자연이 빚어 놓은 절경의 아름다움에 인간은 그저 감탄할 뿐이다.

여기부터 향적봉까지는 오르막길이다. 오르막길에선 숨이 턱까지 차오른다.

결코 포기할 수 없는 이 길은 나의 인생길과 같아서 이 길에 다다를 때까지 걸음을 멈출 수가 없다. 멀고 긴 이정표를 한 걸음 한 걸음 가다 보면 어느새 그 끝에 닿을 것이다. 우리의 인생도 그러할 것이다.

10시 50분,

향적봉(1614m) 정상 도착.

사방으로 이어진 능선을 따라 운무가 끝없이 피어오르는 저 멀리 희미하게 지리산 천왕봉이 보인다. 여기서부터 중봉으로 가는 길은 계속 내리막길이다. 한참을 걷다보니 G국장과 부인 P씨, 친구 L씨와 거리가 멀어지고 말았다. 앞만 보고 걷는 습관에 나도 모르는 사이에 중간 그룹에 합류하고 있었다.

산악회 정회원인 S씨, J씨, 부회장 K씨를 만나 평소에 나누지 못했던 일들을 이야기하며 앞선 사람의 발자국을 따라 걷는다.

빨리 가려면 혼자 가야 하지만 멀리 가려면 함께 가야 한다는 것을 길에서 깨닫는다.

11시 20분,

중봉(1,594m) 도착.

우리는 탐방지도를 꺼내 들고 중봉 표지판 지도와 대조를 하다가 회원 네 사람과 나와 의견이 엇갈렸다. 무주에 도착하기 전 버스 안에서 갈림길에서 헷갈릴 수 있으니 주의하라는 산행대장의 말이 떠올라 후미에 따라오는 G국장을 기다려 의견을 물어보자는 내 말을 듣지 않고 일행 네 사람은 오수자굴 길이 맞을 거라며 왼쪽으로 내려갔다.

나는 예감이 좋지 않아 삼거리에서 G국장을 기다렸다. 한참 만에 후미의 일행들과 함께 내려오는 G국장에게 일행들이 내려간 쪽을 가리키자 G국장은 황급히 전화를 꺼내들었다.

통화를 하고 십 분여를 기다리자 오수자굴 방향으로 내려갔던 일행 네 사람이 거친 숨을 몰아쉬며 모습을 보였다. 잠시 여유를 찾은 우리는 앞선 일행들 뒤를 빠른 걸음으로 쫓아갔다.

11시 55분,

많이 지체된 시간에 빨라진 발걸음에 이마에서 땀이 흘렀다. 한참을 내려오니 앞선 일행들 한 그룹이 백암봉 정상을 앞두고 길옆에서 자리를 잡고 막 점심을 시작하고 있었다. 열 명 정도 겨우 앉을 수 있는 자리여서 잠시 망설이다 일행들 속으로 들어가 어깨를 맞대고 이른 점심을 먹었다.

여성 일행이 가져온 따뜻한 커피와 과일을 후식으로 먹고 앉았던 자리를 깨끗이 치우고 길을 재촉했다. 회원들과 함께 하는 동반 산행은 정해진 시간에 하산 지점에 모여야 하기 때문에 언제나 마음이 바쁘다.

오후 12시 32분,

백암봉(1,503m) 도착.

순백의 눈이 내려앉은 끝없이 이어진 능선들이 햇빛에 반사되어 신비한 경이로움을 빚어낸다. 자연의 아름다움 앞에서 인간의 아름다움은 작은 일부처럼 여겨진다.

좁은 길에서 마주친 산객들과 인사를 나눈다. 같은 산을 오른다는 사실 하나만으로 반가운 인사를 나누고 헤어진다.

등산로 옆 홀로 선 죽은 주목을 만난다. 살아서 천년, 죽어서 천년을 산다는 주목은 의연한 모습으로 오롯이 그 자리에 서서 세월을 이기고 있다. 나도 모르게 주목 앞에서 숙연해진다.

1시 36분,

동엽령(1295m) 도착.

계곡위에 놓인 다리를 건너자 오른쪽에 전망대가 있었다. 왼쪽으로는 병곡리 계곡으로 가는 길이고 직진을 하면 동엽령으로 가는 길이다. 쉼터에는 많은 사람들이 쉬고 있었다.

선 채로 잠시 휴식을 취하는 사이 카메라를 꺼내 들었다. 자연을 배경 삼아 몇 컷의 사진을 담고 칠연계곡으로 향했다.

2시 57분,

칠연폭포, 안성탐방 지원센터 삼거리 도착.

향적봉부터 계속 내리막길을 걸었더니 무릎이 많이 아팠다. 이태 전 여름, 지리산 계곡에서 바위에 부딪혀 다친 무릎이다. 견딜 만한 통증에 참고 지내다가 시간이 많이 흐른 후에 작은 실금이 간 사실을 알았었다. 오르막에서는 통증이 없다가 내리막에서는 가끔 통증이 밀려온다. 스프레이 파스를 뿌리고 나니 한결 나아졌다.

3시 20분,

안성탐방 지원센터 주차장 도착.

버스 열대 남짓 주차 할 수 있는 작은 규모의 주차장에는 우리가 타고 온 버스는 보이지 않았다. 우리가 잠시 쉬는 사이 먼저 내려간 G국장이 전화를 걸어 10분정도 더 내려오면 우리가 타고 갈 버스가 대기하고 있다고 알려주었다.

성급하게 아이젠을 벗은 친구 부인이 빙판이 된 도로 위에서 넘어질 뻔 한다. 눈이 녹지 않은 아스팔트가 온통 빙판이다. 길 가장자리 얼지 않은 눈 위를 걷게 하고 천천히 걷고 있으니 어느새 따라왔는지 J씨와 여성 회장 K씨가 뒤에서 우리를 부른다.

3시 55분,

무주 덕유산을 떠나옴.

짧기만 한겨울 하루의 여정은 추억을 남기고 멀어져 간다. 지난겨울 지리산 삼신봉 산행을 다녀오고 난 후 늘 겨울 산을 동경해왔다. 하얀 눈길 위에 도장을 찍어 놓은 것처럼 선명한 발자국들을 떠올리며 눈 산행을 고대하며 기다렸다.

내가 살고 있는 지역은 눈 보기가 하늘의 별따기처럼 힘들다. 겨울 내내 도시에 눈이 수북이 쌓인 풍경을 한 번도 볼 수 없는 곳이다. 겨울이 오면 늘 어릴 적 눈 위에서 뒹굴며 뛰어 놀던 추억을 떠올린다.

5시 40분, 함양 도착.

예약해 둔 식당에서 산나물 비빔밥을 먹었다. 작년 봄, 산청 약초 축제에 들렀다가 왔던 곳이다. 산행을 무사히 마친 회원들의 표정들이 밝다.

6시 30분,

산청휴게소 도착.

6시 52분,

서 진주 도착.

중간에 사람들이 거의 다 내리고 버스 안엔 몇 사람이 남지 않았다. 함께 했던 사람들과 아쉬운 작별을 하고 집으로 가는 시내버스에 올라 어두운 차창에 오늘 하루의 산길을 그려본다.

통영 방문기 · 1

통영에 사시는 K 선생님과 전날 약속을 하고 평소보다 이른 점심을 먹고 통영 가는 시외버스에 올랐다. 지난 4월초 고향에 갔을 때 불현듯 내가 태어나고 자란 동네와 추억 진 곳들을 따라 걸으며 기행 형식으로 글을 써야겠다는 생각에 승용차를 두고 대중교통을 택했다.

차는 대전－통영 간 고속도로를 거침없이 달렸다. 이 도로는 원래 계획대로면 대전－진주를 잇는 고속도로였지만 고속도로 공사가 끝나갈 무렵 통영까지 구간을 연장하여 명칭이 대전－통영 고속도로가 되었다.

버스는 50여 분을 달려 통영 죽림에 있는 시외버스터미널에 도착을 했다. 터미널 주변에 아파트 단지가 줄지어 늘어서 있다. 예전에 이곳은 통영군 광도면 소재지로 1995년 충무시와 행정구역을 통합, 통영시가 되면서 죽림만 앞바다를 매립하여 택지를 조성, 통영교육청과 통영경찰서를 비롯해 각 행정기관이 들어와 있다.

젊은 날 이곳이 매립되기 전 친구들과 초가을에 문절 망둥이 낚시를 자주 왔던 곳이기도 하다. 모래무지와 문절 망둥이는 모래가 많은 해안에 주로 서식하는데 바닷물이 맑아 망둥이가 잘 잡혔다. 앞바다에는 수하식 굴 양식장이 있었다.

시외터미널 하차장 입구에 있는 시내버스정류장에서 통영시내 방향으로 가는 버스에 올랐다. 해안도로를 따라 죽림마을을 지난다. 바다와 도로를 사이에 두고 바닷물이 유입되는 늪지대가 있는 마을 전경은 예전이나 지금이나 별 변함이 없다.

삼십 년 전 이곳에 살던 친구 집에 놀러 와서 썰물 때 나룻배 노를 저어 5분 거리인 앞섬으로 가서 양동이 가득 고둥과 게를 잡아와 삶아 먹던 추억이 있는 곳이기도 하다.

원문고개에서 남자 고등학생 여럿이 차에 오른다. 옛날 공동묘지였던 이곳을 택지로 조성해 학교를 신축하여 통영공설운동장 옆에 있던 '통영상업고등학교'를 이곳으로 이전하면서 '동원고등학교'로 개칭했다. 차는 경찰 검문소가 있던 원문고개에서 거제 – 미구촌마을 – 북신동, 용남면 방향 사거리에서 우측으로 난 새 도로를 달린다.

새 통영병원을 지나자 하늘 우뚝한 아파트 단지가 숲을 이루고 있다. 그 뒤편으로 통영초등학교와 통영중앙중학교가 있다. 내 모교이기도 한 통영초등학교는 1908년에 개교하여 유치환, 윤이상, 김상옥, 김춘수, 박경리, 전혁림 등 이름난 예술가들을 배출하였다.

문화동 언덕, 세병관 담을 사이에 두고 백년을 넘게 자리하고 있다가 2005년에 이곳으로 신축하여 이전하였다. 가파른 언덕길을 오르내리며 학교를 다녔던 그 길이 아직도 눈앞에 선하기만하다.

가파른 언덕길을 내려온 차는 '시티 빌딩' 사거리를 만난다. 이곳 모두

가 바다를 매립한 매립지이다. 곧이어 북신사거리에 도착을 한다. 무전사거리를 지나 통영 제2청사 앞길을 따라 내려오는 길은 옛 통영소방서가 있던 곳이다. 사거리를 지나 좌회전을 하면 예전의 시외버스터미널과 통영경찰서가 있던 곳이 나온다.

옛 통영시청, 정량동으로 가는 삼거리에서 차는 토성고개를 오른다. 길 옆 지나치는 건물 사이로 '이문당 서점' 간판이 눈에 들어온다. 내 기억으론 초등학교 시절 이전부터 있었던 서점이다. 문화동 중앙동우체국 앞 도로에 있었던 통영에서 제일 크고 오래된 서점이었다. 이제는 옛 영화를 뒤로한 채 출판물 사양길에 밀려나 겨우 명맥만 유지하고 있었다. 친근한 옆집 아저씨 같았던 인자한 서점주인의 모습이 눈에 선하다.

충무데파트 앞에서 버스에서 내렸다. 행단보도 앞에서 신호를 기다리는 동안 지난날의 추억에 젖는다. 지금 이곳에서 아들과 한의원을 하는 자형이 옛 경찰서(지금의 데파트) 뒤편 이층 목조건물에 세를 들어 한약방을 했었다.

동물을 좋아했던 자형은 이층 방 한 칸에 관상용 새들을 키웠다. 카나리아. 잉꼬 등 많은 종류의 새를 키워 알을 부화시켜 주위 사람들에게 분양을 해 주었다. 자형이 일층에서 일하는 낮 시간 그 틈을 타 처녀들을 몰래 데리고 와 연애를 즐겼던 그 순간이 마치 어제만 같다.

지난날 수없이 오고갔던 거리를 걷는다. 중앙동우체국 앞에서 동호동 남망산 조각공원으로 향한다.

저만치 동호 강구가 보인다. 약속 시간이 아직 40분이나 남아 있어 천천히 발걸음을 옮기며 옛 추억을 더듬어 나간다.

'중앙시장'은 동호동과 중앙동에 자리한 통영 전통시장이다. 옛날 임진왜란 때 통제영이 설치되면서 생겨난 역사가 깊은 시장이다. 시장에는 평일인데도 많은 사람들로 붐비고 있었다. 시장 중앙입구에 들어서자 양옆으로 활어 수족관들이 즐비하게 늘어서 있다. 현대식 구조로 바뀐 시장, 내 어머니가 장사를 하던 그곳도 새 단장을 하고 젊은 식당 여주인이 지나가는 여행객들을 불러 세운다.

새벽 네 시, 통금 사이렌이 울리면 고단한 몸을 일으켜 새벽시장으로 가시던 어머니, 칠십 평생을 우리 육남매 공부시키며 시장에서 늙어 가신 어머니 생각에 순간 목이 아려온다.

시장을 빠져나와 강구 해안 길을 따라 걷는다. 80년대까지 강구를 따라 가건물이 항남동 뱃머리까지 즐비하게 있던 길이다. 다닥다닥 붙어 있던 그 가건물에선 먹장어를 구워 팔던 선술집, 과일가게, 건어물가게, 생필품과 관광기념품들을 파는 가게들이 늘어서 있었다. 90년대 말에 들어와 가

건물들을 철거하면서 부산, 마산, 여수 남해, 거제, 통영 섬 지방으로 운행하던 항남동과 서호동 여객선 대합실을 서호만으로 옮기고 거제 해금강과 제승당으로 관광객을 실어 나르던 관광유람선 선착장을 도남관광단지로 옮겼다. 그리고 강구 안을 일부 매립하여 주차장과 '문화마당'을 만들어 놓았다. 고기잡이 배와 여객선, 유람선이 드나들던 강구 안은 옛 정취는 이제 찾아볼 수가 없게 되었다. 어릴 적 강구에서 미역을 감고 낚시와 게, 고둥을 잡고 놀았던 이곳은 이제 썰물이 져도 바닥을 드러내지 않는다.

저만치 남망산 공원 입구가 보인다. 내가 태어나고 자란 동네다. 공영주차장으로 변해 있는 이곳은 동네 아이들이 삼삼오오 모여 구슬치기, 자치기, 술래잡기, 연날리기를 하던 마당이었다.

공원입구 왼쪽에 '현대여관' 건물이 있다. 내가 태어난 곳이다. 일곱 살까지 살았던 이곳은 통영에서 몇 채밖에 없었던 목조 이층집이었다. 방이 일곱 개나 되고 뒷마당에 큰 우물이 있었던 우리집은 근방에서 제일 큰 집이었다.

아버지가 벌인 벌목사업이 망하고 은행에 저당 잡힌 집이 넘어가고 우리는 쫓겨나다시피 언덕 위의 작은 집으로 이사를 갔다. 방이 세 칸밖에 없어 형과 나, 동생이 한방에서 잠을 자야 했다. 그 집에서 우리 육남매 다 출가시키고 부모님은 공원 녹지 사업에 집이 헐리기까지 삼십 년을 넘게 사셨다.

공원 입구를 들어서는 순간 왠지 모를 허전함이 몰려왔다. 천천히 주위를 둘러보다 그 공허함을 알아차렸다. 길옆에 있던 왕 벚꽃나무, 그 나무가 사라지고 없었다. 수령이 백 수십 년도 더 넘은 두 아름의 나무는 내게는 추억이 깊다. 어릴 적 여름날 나무에 앵두만한 굵은 버찌가 열리면 동네 아이들과 앞다투어 나무에 올라 입이 새파래지도록 열매를 따 먹었고, 왕 매미가 가지에 앉아 울음소리를 내면 곤충 채집 채를 휘두르기도 하고 함께 놀아줄 동무가 없는 날에는 나뭇가지에 걸터앉아 무료함을 달래며 노래를 불렀다. 그러다가 해가지고 시장 가신 어머니가 돌아오는 시간이면 나무 아래에서 목을 빼고 기다리던 소년시절의 추억이 서린 나무다. 아쉬운 마음에 한참을 나무가 있던 그 자리에 서 있었다.

떨어지지 않는 발길을 옮긴다. 공원 언덕 중간에 기와를 얹은 낮은 담장 너머 오래된 기와집이 옛 모습 그대로 있었다. 강구를 내려다보고 있는 이 집은 통영에서 이름난 김형근 화가 집이다. 예전 그 모습 그대로인 것을 보아 아직 주인이 바뀌지 않은 것 같았다.

동네 사람들은 이 집을 '원장 댁'이라 불렀다. 김 화가는 '통영공예학원' 원장을 지낸 분이다. 통영의 나전칠기가 전국에 유명세를 탈 때 김 화가도

자기 집에 공방을 차려 놓고 자개장을 만들었다. 예전에 마당에 큰 진돗개가 컹컹 소리를 내고 짖으면 키 작은 식모할매가 철 대문을 열어주었다.

김형근 화가는 박정희 대통령이 한산도 제승당에서 활시위를 당기는 모습을 그린 그림으로 대한민국미술대전에서 대통령상을 수상하면서 두각을 나타냈다. 그 이후로 김 화가는 서울에 올라가 작품 활동을 하였다.

그러다가 가을이 되면 평소 즐기던 꿩 사냥을 하기 위해 부인과 함께 통영으로 내려왔다. 아버지와 형 동생 하면서 친하게 지냈던 김 화가는 사냥으로 잡은 꿩을 우리집에 갖다 주며 사냥총을 맡겨놓고 다음해 찾아가기도 했다.

언덕 위에 '남망산 조각공원' 표지석이 나를 반긴다. 시누대가 우후죽순처럼 많이 자랐던 곳이다. 어릴 적 시누대를 꺾어 그늘에 말려 망둥이 낚싯대로 쓰기도 했다.

'남망산 조각공원'은 세계 10개국의 유명조각가 15명의 작품으로 1997년에 5,000여 평의 부지에 조성되었다. 조각공원이 자리잡고 있는 이곳은 지난날 지붕 낮은 집들이 서로 어깨를 다닥다닥 맞대어 있던 산동에 마을이었다. 통영에서 동피랑마을과 서피랑, 정량동, 명정동에 있는 키 낮은 지붕이 있는 산동네 마을 중 하나였다.

마한머루 도장이 있었던 집들 사이로 난 가파른 골목길을 따라 내려가면 동호 강구를 따라 철공소가 많이 있던 곳, 강구 건너편 서호동으로 건너가던 작은 나룻배 하나 댈 수 있는 선착장이 있던 곳이 나온다. 지금은 없어졌지만 강구 건너로 가는 사람들을 노를 저어 건너 주던 도선이 있었다.

발아래 동호 강구가 보이고 여객선터미널이 있는 서호동과 동양의 나폴리라 불리는 통영 해협과 운하교가 보인다. 오랜만에 보는 고향 풍경에

아련해 온다.

통영문화시민회관으로 발걸음을 옮긴다. 이곳은 지난날 운동장을 사이에 두고 왼쪽에는 기상관측소와 순국선열을 기리는 충혼탑이 있었고 오른쪽에는 충무시립도서관과 충무나전칠기공예학원이 있던 자리이다. 해마다 현충일이 되면 기념식을 이곳에서 열었고 어린이날, 광복절, 한글날 등 국경일 행사와 시에서 하는 행사와 한산대첩제 주요 행사를 이 운동장에서 열었다. 행사 때 마다 구름같이 사람들이 모여들었다. 내가 네 살 때 한산대첩 행사에 그때 인기가수였던 조영남 씨가 오자 운동장은 발 디딜 틈이 없었다. 큰 형님의 무동을 타고 보았던 '물레방아 인생' 노래를 열창하던 조영남 기억이 난다.

약속시간에 맞추어 장소로 갔지만 사무실에는 아무도 없었다. 잠시 가다리다 K 선생님에게 전화를 걸었다. 깜빡 다른 일에 정신을 팔려 약속을 잊고 있었다며 미안해 하신다. 약속 장소를 다시 정하고 언덕길을 내려왔다.

눈 감아도 선명하게 떠오르는 추억 진 강구를 따라 걷는다. 어선들이 밧줄에 의지한 채 잔잔한 바다 위에 떠 있다. 고개 들어 올려다 본 동피랑마을이 햇빛에 반사되어 눈이 부신다. 층층이 높이 앉아 있는 벽화마을로 유명해진 산동네, 그 골목길을 걸어 올라가면 문화동으로 연결된 길에서 김춘수도 만나고 박경리도 만나고 유치환도 만난다.

강구를 따라 걷다보니 옛날 '금성호 뱃머리'가 있던 '문화마당'에 다다랐다. 임진왜란 때 남해바다를 호령했던 거북선과 판옥선이 떠 있다. 실제 크기와 구조로 만들어진 거북선을 가까이에서 보니 위용이 웅장하다.

뚱보할매가 김밥을 말아 팔던 '금성호 대합실'은 옛 기억 속에 남긴 채 사라지고 '문화마당' 앞 식당가에 '뚱보할매김밥' 간판만 남겨 놓았다. 둘째 아들이 가업을 이어받아 명성을 이어가고 있는 '뚱보할매김밥' 긴 겨울 밤 형님의 심부름에 졸린 눈을 부비며 김밥을 사러 다녔던 기억은 수십 년의 세월이 흘렀어도 어제 일처럼 생생하기만 하다.

옛 기억을 되살리며 문화마당을 지나 항남동 뒷길을 걸었다. 새 건물들 사이에서 오래된 건물들이 보인다. 길은 육십년 전이나 지금이나 달라진 것이 없다. 상가들만 새로 치장만 하고 있을 뿐……,

도깨비 골목을 지난다. 통영 사람이라면 다 아는 골목이다. 도둑이 경찰에게 쫓겨 이 골목을 들어가면 아무리 난다하는 형사라도 잡지 못 한다는 골목이다. 골목이 마치 미로처럼 얽혀 있어 대낮에도 헤매기 십상이라 붙여진 이름이다.

오래전 이 골목에 방석집이 여러 곳 있었다. 옛날 '요정'과 비슷한 술집이 있었던 곳인데 손님이 술에 취하면 안주 접시가 두 개씩 포개져 술상에 올라와 바가지를 씌우는 곳으로 '방석집'이라고 불려졌다.

이곳저곳을 구경하다 걷다보니 서호시장 입구에 다다랐다. 서호시장은 1930년에 서호만 매립을 하여 지어진 시장이다. 일제강점기에는 '신정시장'이라 불렸다. 인근 섬에서 해산물을 싣고 오는 배들과 고기잡이 배들이 경매를 하기 위해 새벽시장이 열린다. 통영 사람들은 이 시장을 '새터시장'이라고 부른다.

서호아파트가 보인다. '서호아파트'는 통영에서 '충렬아파트' 다음으로 지어진 40년이 넘은 오래된 아파트이다. 시내버스가 지나가는 시장 앞 도로와 건물들은 내가 통영을 떠나기 전 예전 모습 그대로다. 예전의 가게 이름 그대로인 가게들이 여럿 보인다.

약속 장소에 다다르자 K 선생님에게서 전화가 온다. 해방다리가 있던 복개도로를 따라 농협마트 앞에 도착했다.

이민호 수필집

동행

2019년 09월 23일 초판 인쇄
2019년 09월 27일 초판 발행

지은이 / 이민호
발행인 / 강병욱

발행처 / 도서출판 교음사
편집 / 隨筆文學社 出版部

03147 서울 종로구 삼일대로 457 수운회관 1308호
Tel (02) 737-7081, 739-7879(Fax)
e-mail : gyoeum@daum.net

등록 / 제2007-000052호

* 잘못된 책은 바꿔 드립니다. 값 12,000원

ISBN 978-89-7814-755-2 03810

이 도서의 국립중앙도서관 출판예정도서목록(CIP)은 서지정보유통지원시스템 홈페이지(http://seoji.nl.go.kr)와 국가자료공동목록시스템(http://www.nl.go.kr/kolisnet)에서 이용하실 수 있습니다.(CIP제어번호 : CIP2019036479)

후원

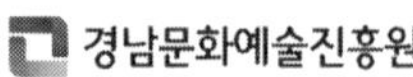

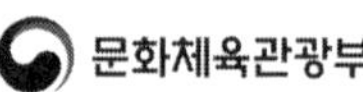

- 이 도서는 경남문화예술진흥원으로부터 발간비 일부를 지원받아 제작되었습니다.